高职专业群建设与评价研究

彭建华 陈 明 著

全国百佳图书出版单位
吉林出版集团股份有限公司

图书在版编目(CIP)数据

高职专业群建设与评价研究 / 彭建华，陈明著.--长春：吉林出版集团股份有限公司，2023.6
ISBN 978-7-5731-3904-7

Ⅰ.①高… Ⅱ.①彭… ②陈… Ⅲ.①高等职业教育－专业设置－学科建设－研究－中国 Ⅳ.①G718.5

中国国家版本馆 CIP 数据核字(2023)第 132108 号

高职专业群建设与评价研究

GAOZHI ZHUANYEQUN JIANSHE YU PINGJIA YANJIU

作　　　者	彭建华　陈　明
责任编辑	许　宁
技术编辑	王会莲
开　　　本	787mm×1092mm　1/16
字　　　数	210 千字
印　　　张	10
版　　　次	2024 年 1 月第 1 版
印　　　次	2024 年 1 月第 1 次印刷
出　　　版	吉林出版集团股份有限公司
发　　　行	吉林出版集团外语教育有限公司
地　　　址	长春市福祉大路 5788 号龙腾国际大厦 B 座 7 层
电　　　话	总编办：0431－81629929
印　　　刷	吉林省创美堂印刷有限公司

ISBN 978-7-5731-3904-7　　　　定价：60.00 元
版权所有　侵权必究　　　　举报电话：0431－81629929

前　言

20世纪90年代前期至今，专业群经历了萌生、探索和发展三个阶段。为什么要开发专业群？萌生阶段是为了整合课程教学资源，探索阶段是为了整合资源和整体推进教学改革与创新，进入"双高计划"建设这一重要发展阶段，开发目标已拓展到人才培养、技术应用研究、社会服务、文化传承与创新、国际交流五大领域。在全面梳理专业群发展脉络的基础上，本书重新解析了专业群这一概念的内涵，提出了"三输入"和"三输出"的专业群系统模型，这一系统模型揭示了专业群的运行法则和运行机制，为"群院合一"的组群方式提供了充分依据。

同时，产教融合是解决高职教育人才培养与产业需求脱节问题的根本之策，目前来看，高职教育需从产教融合角度优化专业布局、调整人才培养方案，政府要以产教融合、校企合作为突破口，引导高职院校主动服务产业发展；以服务新产业、新业态、新技术为导向，建设一批特色鲜明的应用型高职院校，围绕产业链、创新链设置与调整学科专业。产教融合作为应对第四次产业革命、适应高端智能制造、"中国制造2025"紧迫需求的育人举措，在中国特色高职院校专业群建设以及新工科教育改革中无疑更应全面深化探索。

本书是高职专业管理方向的著作，主要研究高职专业群建设与评价，本书从高职教育基础解读入手，针对高职专业与专业群理论、专业群人才培养模式与课程体系以及校企合作与实践教学体系建设进行了分析研究；另外对高职专业群建设与机制运行作了探讨；并对高职专业群师资队伍建设以及专业群评价体系的多元构建提出了一些建议。对高职专业群建设的应用与评价完善有一定的借鉴意义。

撰写本书的过程中，作者参考和借鉴了一些知名学者和专家的观点，在此向他们表示深深的感谢。但由于水平和时间所限，书中难免会出现不足之处，希望各位同行专家能够提出宝贵意见，以待进一步修改，使之更加完善。

目　录

第一章　高职教育基础解读 ·· 1
第一节　高等职业教育内涵 ·· 3
第二节　高职院校的核心竞争力 ··· 11

第二章　高职专业与专业群理论 ·· 17
第一节　专业建设理论依据 ··· 19
第二节　专业群基础与建设原则 ··· 25
第三节　专业群建设的意义与内容 ······································ 28

第三章　高职专业群人才培养模式与课程体系 ···························· 35
第一节　专业群人才培养模式探索与实践 ····························· 37
第二节　专业群课程体系建设 ·· 46
第三节　专业群课程开发与探索 ··· 51

第四章　高职专业群校企合作与实践教学体系建设 ····················· 59
第一节　专业群校企合作的策略 ··· 61
第二节　实践教学体系的新要求 ··· 76
第三节　专业群实践教学体系的构建 ··································· 79

第五章　高职产教融合专业群建设与机制运行 ··························· 83
第一节　专业结构优化与资源库建设 ··································· 85
第二节　专业群管理运行机制 ·· 94
第三节　产业园区特色文化与核心竞争战略 ························· 104

第六章　高职专业群师资队伍建设 ·· 111
第一节　专业群师资队伍提升的内在需求 ··························· 113
第二节　"双师素质"师资队伍建设探索与实践 ···················· 116

第七章　高职专业群评价体系的多元构建	129
第一节　专业群评价体系的基础建构	131
第二节　"六位一体"动态评价监控体系	136
第三节　运用层次分析法的高职专业群建设评价体系构建	138
第四节　多元理论下的高职专业群评价体系架构	142

参考文献 …… 151

第一章

高职教育基础解读

第一节　高等职业教育内涵

一、高等职业教育的基本特征

高等职业教育是高等教育的重要组成部分,发展高等职业教育是高等学校的重要任务。高等职业教育具有以下基本特征:层次特征——高等性,类型特征——职业性,知识能力特征——技术性,培养目标特征——应用性。

（一）高等职业教育的层次特征——高等性

借用职业带(occupational spectrum)理论来解析高等职业教育,即职业带理论按照各自不同的工作性质、工作对象和管理范围,将工业技术人员划分为技术工人(craftsman)、技术人员(technician)、工程师(engineer)三类。其中培养技术工人的教育称为"职业教育",主要由职业技术院校承担,培养规格要求主要是具备一定的操作技能;培养技术人员的教育称为"技术教育",主要由高等职业技术学校承担,培养规格要求既要具备一定的理论知识,又要具备一定的操作技能;培养工程师的教育称为"工程教育",主要由普通高等学校承担,培养规格要求主要是具备丰富的理论知识。由此可以看出,技术人员在职业带上介于技术工人与工程师之间。借用职业带理论再次解析人才结构与教育形式的演变与科学技术进步和社会生产发展的关系。在手工业生产阶段,职业带上的人才类型只有技术工人;在大工业生产初期,职业带上的人才类型出现了技术工人和工程师两类,而且两类人才的工作职能存在部分交叉。在20世纪上半叶,工程师为了适应科学技术的发展,必须具备更多更高的理论知识,在职业带上大幅右移,使得工程师与技术工人之间的交叉带消失,由此产生了技术工人之上、工程师之下的"中间人才",称为"技术人员";在20世纪下半叶,由于高新技术的广泛应用和生产技术体系的不断发展,工程师的区域继续右移,技术人员的区域不断扩大,并且出现了层次上的分化,从而出现了高级技术人员,即新型的高层次职业技术人员。高层次职业技术人员属于技术人员系列范畴,又与工程师系列人员有部分职能交叉,此类高级技术人员既要具备较高的理论基础,又要具备较强的操作能力,所接受的教育内容已经跨入高等教育领域,因而高等职业技术人才具有"高等性"。

高等职业教育能够作为高等教育的一个类型出现,是生产技术的发展和劳动组织的变更引起职业技术教育层次上移的结果。第一,随着科学技术的不断进步和产业结构的调整升级,职业技术教育必须构建适应经济发展、科技进步、个性发展和独具特色的课程体系,课程内容能够及时反映新知识、新技术、新工艺和新方法,着力体现现代化、信息化、国际化的发展要求,着力培养学生的创新能力、创业能力和实践能力。显然,这不是原有职业技术教育受教育者的学历、课程体系和教学内容所能提供的。高等职业教育肩负着不断更新、提升一线劳动者素质的任务,其关注的焦点是尽可能提高就业者适应社会发展与技术变革的能力,满足社会对就业者越来越高的学历和职业能力的要求,为个人职业生涯的进一步发展提供一个坚实的平台。因而科学技术的不断进步和产业结构的调整升级是职业技术教育层次上移至高等职业教育的重要因素。

第二,随着劳动组织的变更和劳动力市场需求的变化,人才的需求和职业的选择具有多样性和变动性,需要劳动者对不同劳动岗位有更强的应变能力和就业弹性。科学技术发展趋势既高度分化又高度综合,必须加强学生通识能力的培养,构建复合型智能结构,增强人才未来转业转岗或通业总揽的自我调适、自我应变的能力。这使得原有职业技术教育中依据职业设置课程体系转变为以职业群或行业设置专业体系、课程体系和教学内容。随着培养目标、培养规格、培养模式等构建教育类型的主要因素的变化,高等职业教育逐渐从职业技术教育中分离出来,成为高等教育新的类型——高等职业教育。

高等职业教育作为高等教育发展中的一个类型,肩负着培养面向生产、建设、服务和管理第一线需要的高技能人才的使命,在我国加快推进社会主义现代化建设进程中具有不可替代的作用。高等职业教育作为高等教育的重要组成部分,发展高等职业教育是高等学校的重要任务,高等职业教育具有高等性的教育属性。

(二)高等职业教育的类型特征——职业性

高等职业教育在层次上属于高等教育,在类型上属于职业技术教育,是特殊类型的高等教育;高等职业教育的特殊性决定了高等职业教育的类型特征——职业性。"职业性"是高等职业教育的原动力,是高等职业教育生存和发展的基础,具体体现在培养目标、专业设置与课程体系等三个方面。

1. 培养目标

在培养目标方面,普通高等教育培养的是从事研究和发现客观规律的学术型人才以及从事与社会谋求直接利益有关的设计、规划、决策等工程型人才,这两类人才的特点主要是应用智力技能来进行工作的。高等职业教育培养的是与我国社会主义现代化建设要求相适应的,掌握本专业必备的基础理论和专门知识,具有从事本专业实际工作的良好综合素质和职业综合能力,在生产、建设、管理、服务第一线工作的应用型人才。与普通高等学校培养的学术型与工程型人才相比较,高等职业教育培养的技术型人才具有以下特点。

(1)普通性

学生牢固掌握自然科学和人文科学的基础知识、某一类职业岗位共同的专业理论知识,经过专门的技术训练,为掌握高新技术奠定了坚实的文化知识基础。

(2)变通性

学生能"以一技之长为主、兼顾多种能力",既掌握一类职业岗位共同的专业理论,又能在此基础上在相近职业岗位范围内发生能力迁移,实现上岗不需要过渡期,转岗亦不需要过多的再培训。

(3)融通性

学生既具备职业领域的方法和能力,又具有社会活动能力,且能将这两种能力运用自如。这些能力包括科学的价值判断能力、处理资源的能力、社会交往与互动的能力、获取和处理信息的能力、分析和解决问题的能力、运用科学技术的能力。

(4)潜通性

学生应具备今后多次创业和广泛就业的潜在素质,包括创新精神、良好的个性品质、善于学习以及广泛的兴趣和爱好。从现实情况来看,一个人的职业角色的变换,得益于每个人的潜在资质,有相当的潜通基础。随着社会进步和科学技术的发展,我国的经济结构、产业结构都处在剧烈的变化之中,这种变化不仅导致产业、产品的技术含量不断增加,而且导致产业岗位不断调整。越来越频繁的岗位变动和职业流动,需要劳动者对不同劳动岗位有更强的应用能力和就业弹性,高等职业教育培养的高素质、高技能、应用型人才,将能更好地适应社会经济发展和人才市场变化需要。

2. 专业设置

在专业设置方面,普通高等学校专业设置主要依据的是学科,培养目标突出学科本位的特征;高等职业教育专业设置不是针对学科而是针对职业岗位或职业岗位群的,培养目标要突出岗位群需求的专业本位特征。高等职业教育作为职业性的定向教育,是从职业岗位出发而不是从学科出发的,是给予学生从事某种职业的知识和能力的教育。职业能力和职业素质的培养是高等职业教育人才培养目标的核心,这种职业性特点包括两重含义。

第一,在当前我国面临改造传统工业、开拓新兴产业、发展第三产业以及产业结构变化、劳动力转移、劳动人事制度改革等任务形势下,高等职业教育的专业设置必须为适应经济结构、产业结构及人才结构的发展变化而做相应调整。高等职业教育设置专业的依据主要是实际应用型岗位中的较高层次岗位或岗位群需要。该层次岗位所需知识和能力不同于研究型、工程型岗位,它不与某一系统、完整的学科基本对应或为其所覆盖,或所需的应用理论知识为非学科知识,其课程一般是针对该层次职业岗位规范要求所应知应会的知识与能力结构来设计的,它并不要求系统性、全面性、完整性。

第二,学生在校所掌握的专业知识和职业技能,为职业岗位所应知应会的知识能力,都是与本专业所对应的职业岗位或岗位群必然使用或即将使用的。在高等职业教育的培养与培训中,培养培训过程的每一个环节无一不是以掌握岗位技能为目的,无不把目标与劳动力市场的需求,与生产、建设、管理、服务一线的实际需要紧紧地结合在一起。不论是职前的学历性教育,还是在职人员的提高性教育,或者是下岗人员的再就业培训,从教学计划的制订,到教学计划的实施,无一不是紧紧围绕着特定的行业、特定的系统、特定的职业甚至是特定的岗位;或者是培养行业或系统的高级管理人员,或者是培养行业或系统的专业技术人员,或者是培养行业或系统一线岗位的熟练工人;或者是就某一项新发明、新创造、新技术、新工艺进行提高性培训。

总之,在高等职业教育的全过程中,每一个环节都有其明确的职业性,职业性反映了高职教育人才培养目标的本质特性。

3. 课程体系

在课程设置方面,普通高等教育是按照学科体系来设计知识体系,按照学科门类来设置专业,按照学科的理论体系来设置课程;要求所培养的学生必须系统地、全面地、完整地掌握古今学科的发展、基础理论和学科知识及其与其他学科的关系,强调所学知识的系统性和完整性;其知识结构的复合性是纵向复合型,以适应学科或学科群基础理论、技术基础理论、工程基础理论和工程设计要求。高等职业教育的课程设计是按照岗位、岗位群所需要的能力或能力要素为核心来展开的,或者就是以能力培养为中心展开的,它通过对工作岗位的分析,确定所需的能力或者能力要素体系,根据这一能力体系再确定与之对应的课程体系。课程是针对高等职业教育层次、职业岗位规范要求所应知应会的知识与能力结构来设计的,不再单纯强调专业知识或专业理论的系统性、完整性,而是强调知识的针对性及实用性,知识结构的总体特征是基于专业理论基础之上的理论知识与实践技术相结合,理论知识和实践技术的相关知识在个人知识结构中占据较大的比重。相对于专业理论知识,理论知识与实践技术相辅相成。实践技术植根于理论知识,是理论知识的应用与实现,理论知识是实践技术的归纳与总结,因此,高等职业教育的课程内容必须重视理论知识与实践技术、经验技术的结合。专业理论知识和实践技术直接反映了当前职业岗位的工作需求,体现了高等职业教育的职业性和针对性。同时,作为系统的学校教育,高等职业教育又不能简单地等同于职业培训,理论知识反映了自然与社会的普遍规律,常常是相近职业或某职业群的共同理论基础,基础理论知识的掌握是学习专业理论知识和实践技术的前提。伴随着社会的发展、科学技术的进步以及产业结构的调整变化,新的产业、新的行业、新的职业不断涌现,不同职业岗位的内涵处于不断发展变化中,职业教育的培养对象应该有较强的从业弹性,应该具有可持续发展的理论和技术基础,保证具有对未来就业环境的适应性。高等职业教育的课程结构改革要认真处理理论教学和实践教学、能力培养和知识传授之间的关系,认真研究公共课程、专门课程和实践课程之间的结构、比例和权重,充分满足学生就业、升学和个性发展的需要,构建适应经济建设、科技进步、个性发展的具有高等职业教育特色的课程体系。

(三)高等职业教育的知识能力特征——技术性

"技术"是一个历史性的概念,手工业时代技术是一种技能和经验,工业革命后技术是劳动手段的总和,第二次世界大战以来技术既有主体要素——技能和经验,又有客体要素——天然和人工物质,设计、制造和使用产品的知识、技术原理和方法论。技术可分为狭义的技术和广义的技术,狭义的技术是指物质性技术,包括工艺和技能;广义的技术既包括物质性技术,如生产技术、机械技术、化工技术等,又包括非物质技术,如管理技术、营销技术、公关技术等。

"高技术"是一个历史的、动态的概念。高技术是指当前正在迅速发展的,处于发展前沿并在应用手段与方法上还在探索阶段的各类新兴技术,具有高智力、高效益、高资本投入、高竞争力、高渗透力等特征,在经济和社会发展中蕴含着巨大的潜能,高技术一旦趋于成熟并得到广泛普及,其地位就会被新兴技术所取代,转为常规技术或一般技术。

"高新技术"是指在一定时间内新发明、新发现、新创造的技术,包括两层含义:在一定时间内水平较高、反映当时科技发展最高水平的技术;是相对原来旧技术而言的,新技术不一定是高技术。目前高技术或高新技术主要是指信息技术、生物技术、激光技术、宇航技术、自动化技术、新材料技术等。

所谓技术即是对知识、能力、技能、手段、物质材料等进行组合并付诸应用,它是人类在利用自然和改造自然的过程中积累起来,并在生产劳动中体现出来的经验和知识,技术的特点在于"对自然或社会的实际进行控制和改造"。技术是与科学相对应的概念,科学偏重规律、原理、理论,技术倾向实践、应用、实用。在科学知识、原理规律形成社会直接利益的过程中存在两次转化,一次是将科学原理转化为工程设计、产品设计、工作规划、运行决策等工程原理;另一次是将工程原理应用于实践过程中,从而转化为工程、产品等物质形态,直接为社会服务。人们通常将第一次转化中所需的技术称为工程技术,将承担第一个转化任务的人才称为工程型人才。工程型人才的任务是把科学原理演变成设计、规划、决策,工程型人才所从事的工作中无疑也有技术,但他们的主要任务是应用相关理论知识进行设计、规划、决策以及对新技术进行研究与开发,而不是技术应用和现场实施。第二次转化是将工程技术应用于工作现场,由技术型人才与技能型人才共同完成。技术型人才是在生产一线的工作现场从事为社会谋取直接利益的工作,经过他们的努力使工程型人才的设计、规划等转换成物质形态或者对社会产生具体作用,主要任务是技术应用和现场实施,如技术员、工艺师、农艺师等。技能型人才也是在生产或工作现场从事为社会谋取直接利益的工作,他们与技术型人才的区别在于前者主要依靠动作技能进行工作,而后者主要应用智力技能来完成任务。我们通常把掌握技术的人才称为"技术型人才",将掌握技能的人才称为"技能型人才"。高等职业教育的培养目标范围广泛,涵盖社会的各个领域和各个行业,但就其培养的人才类型而言,主要是"技术型人才",而非学术型、工程型或技能型人才,是面向基层、面向生产、建设、服务和管理第一线的技术型人才,从而决定了高等职业教育的知识能力特征——技术性。

在科学与技术互动的背景下,技术的科学含量越来越高,技术的科学化趋势日趋明显。科技的变革使得传统的以培养经验技能型人才为主的职业技术教育产生了规格高移的内发动力,所以,传授一种针对职业的"技术知识"或"技术群知识",即"高等职业技术知识",它最为基本的属性是其技术性,是高等职业教育最为核心的教育内容和立身之本。高等职业教育的技术性体现在技术的应用性、技术的创造性、技术的职业针对性、技术与知识的高度复合性等方面。随着社会经济的发展,现代科学技术的发展趋势是高度综合又高度分化,这既要求从业者要有更专业的能力,也要求从业者有更宽更广的基础能力。

因此,高等职业教育的人才培养目标必须体现知识和技术的高度复合性。高等职业教育内涵的核心概念是"技术",表现为面向某一职业或职业群,以基础知识和专业知识为支撑的技术应用、技术推广和技术创造。

(四)高等职业教育的培养目标特征——应用性

当前,社会人才可分为学术型人才(科学型、理论型)、工程型人才(设计型、规划型、决策型)、技术型人才(工艺型、实施型、管理型)、技能型人才(技艺型、操作型、经验型)等四种类型,整个社会的运行是依靠这四类不同人才来共同进行的。其中技术型人才与技能型人才处于社会运行链环的终端,是社会财富的直接创造者,社会活动的具体操作者。从一般意义来讲,技术型人才在生产第一线"将意图变为实际"的项目中要承担更多的现场决策和人力资源管理责任,更容易被选择和成长为项目主管,高等职业教育承担着技术型人才的培养任务。

高等技术型人才具有以下三个鲜明的应用型特征:

1. 具备现场性

强调高职学生应用理论知识解决实际问题的能力,尤其是具备解决现场突发性问题的应变能力。

2. 具备操作性

强调高职学生应具备必备的理论知识、较强的实践操作能力,因为只有操作能力才能将技术转化为具体的生产力。

3. 具备复合性

强调高职学生除了掌握岗位对应性专门知识外,要能通晓两个以上职业岗位或学科专业的一般知识和常规技能。

由于人才市场的需求变化和人才竞争的日趋激烈,人才的需求和职业的选择具有多样性和变动性,知识与能力的培养要由专精向广博发展。而且,社会需求的人才是多类型、多规格的,高等职业教育培养的人才不仅要从事技术应用、技术开发工作,而且同时要能从事组织管理工作。特别是基层单位和乡镇企业,迫切需要既懂生产技术,又懂产品开发和产品营销的复合型人才。

二、高等职业教育的理论基础

随着中国高等教育大众化进程的不断推进,高等教育为社会服务的广度和深度均在不断加强,中国高等教育正由传统单一的精英教育向多层次、多类型、全方位的大众教育系统转化。在高等教育系统化发展的进程中,高等职业教育得到了迅猛发展,并以其特有的办学方式、直接而鲜明的社会定位和社会联动性迅速得到了社会的广泛认同。高等职业教育作为高等教育的重要组成部分,无论是教育规模还是社会服务水平都有了大幅度提升,已成为学校利用其优质资源为社会提供有效教育服务的重要渠道。其教育地位得到了不容争辩的确立和巩固。然而,伴随着继续教育的迅速发展,多种办学体制和机制的广泛应用,高等职业教育社会化趋势日益明显,市场属性的竞争局面已经形成,尤其是高等职业教育直面市场并随市场联动的办学特征,更为教育短缺时代相对稳定的高等职业教育发展带来了许多问题与挑战,在渐趋成熟的市场运行中,高等职业教育改革已无法回避,如何理性适应社会需求与社会竞争,科学把握高等职业教育办学方向和培养定位,成为现代高等职业教育的必然思考,也是保持高等职业教育科学健康发展的关键。

(一)区域经济与高等职业教育的制约关系

区域经济是指在社会劳动地域分工的基础上,随着经济发展而逐步形成的各具特色、以密切联系为基础的地域经济综合体。区域经济与高等职业教育有着密切的互动关系,区域经济中的产业结构、技术结构、劳力结构和经济效益决定和制约着高等职业教育的层次结构、类型结构、教育质量以及发展速度,制约高等职业教育的专业设置和课程开发,影响高等职业教育的教学内容、教学方法和教学组织形式的变革。同样,现代科技的发展、经济结构的转型、产业结构的升级,极大地提升了职业岗位群的技术内涵,导致现代职业岗位群成为持续趋近高技术的动态系统,促使其由劳动密集型向技术密集型转化。高等职业教育培养的高素质、高技能、应用型人才,将为区域经济发展提供高质量的人才支撑和高水平的技术服务。因此,作为区域经济发展的有机组成部分,高等职业教育必须牢固树立服务区域经济建设的办学宗旨,坚持面向区域经济建设主战场,研究服务对象,把握需求脉搏,营造技术开发优势,担当科技转化的龙头,最大限度地实现教育资源与区域经济的整合,将区域经济产业结构和社会人才需求的变化趋势作为确定高等职业教育人才培养模式构建的主要依据。

(二)社会制度与高等职业教育的制约关系

社会制度主要是指政治制度和经济制度。按照马克思主义的社会发展观理论,高等职业教育发展和社会经济属性之间相互制约、相互促进,即高职教育发展受到社会政治制度和经济制度的制约;反之,高等职业教育发展能推动着社会政治、经济的发展,促进了社会进步和经济发展。社会主义与资本主义是建立在不同生产关系上的政治制度,不同的政治制度不但制约着高等职业教育的体制,而且还决定了高等职业教育的办学方向、发展目标、发展模式和发展道路,决定了高等职业教育人才培养模式的构建。

(三)文化传统与高等职业教育的制约关系

文化传统对高等职业教育的改革与发展有着广泛的影响,是潜在的制约因素。其他社会因素对高等职业教育的影响往往是通过文化传统的折射,即使是生产力水平相当、社会政治经济相似的国家,其高等职业教育的发展模式、管理体式、人才培养模式也不完全相同。在同是发达的资本主义国家,高等职业教育管理制度有集权制和分权制之分,高等职业教育的培养目标有侧重技术和侧重学术之分,这与不同国家及其文化传统不无关系。外来文化对高等职业教育的改革与发展同样有着广泛的影响。如中国的儒家传统思想,对东亚部分国家来说是外来文化,但现在已成为这些国家文化传统的组成部分,广泛而深刻地影响其高等职业教育的改革与发展。又如马克思主义,对中国来说是外来文化,经过半个多世纪,与中国特色社会主义实际相结合,成为现代中国的主流文化,广泛而深刻地影响着中国的高等职业教育的改革与发展,并对我国高等职业技术教育人才培养模式构建形成主导作用。

(四)高等职业教育发展的哲学基础

从哲学的角度来看,人类在认识世界和改造世界的过程中,科学活动、工程活动、技术活动之间有着相互融合又相互交叉的发展趋势,但这种融合与交叉是一种非本质的融合与交叉,三种活动的本质特征并未被彼此覆盖。因此,高等教育存在着科学教育、工程教育和技术教育三种类型。技术教育相对于工程教育是一种中介活动,它是连接人类发现自然、改造自然和创造社会自然的关键活动,形成了相对独立的活动体系。随着科学与技术的快速发展,生产过程中相对独立的技术活动越来越复杂。根据技术活动的复杂程度,技术活动划分为一般技术、基础技术和核心技术。不同的技术类型以及从事这些技术活动的具体意义和人员配备构成了技术结构。技术结构以及对从事技术活动人员的具体要求,要求技术性人才具有独特的形成路径,并构成技术人才的层次结构,形成完整的职业技术教育体系,这是我国高等职业教育发展的哲学基础。我们将从科学活动、工程活动和技术活动三者的含义及特征本性,三者之间的含义及相互关系出发,来阐述高等职业教育的哲学基础。

从本质上来说,人与自然的关系主要包括两种活动认识自然和改造自然。人类认识自然和改造自然的活动主要包括科学活动、工程活动和技术活动,其中科学活动是指以发现为核心的人类活动,是一种规律体系,科学活动形成科学建制;工程活动是指以建造为核心的人类活动,是一种生产体系,工程活动形成工程建制;技术活动是指以发明为核心的人类活动,技术活动的基本单元是发明和运用工具,最典型的形式是技术发明、技术开发、技术改进和技术操作,是一种工具体系,技术活动形成技术建制。科学活动、工程活动和技术活动三者之间既相互独立又相互联系,既相互影响又相互促进。

一方面,在科学活动中科学发现使改造世界成为可能,同时在改造世界的过程中也促进了科学发展,如先进的技术设备和手段使得科学发现更具效率,在技术活动和工程活动中也有新的科学发现。另一方面,在工程活动中,科学理论和工程规划为技术发明提供了方向。反过来,在技术活动中技术发明使改造世界的目标变为现实,使科学理论转化为现实生产力。

按照教育社会学的观点,把以规律体系、科学建制为媒介展开的建构性活动定义为科学教育活动即科学教育;把以生产体系、工程建制为媒介展开的建构性活动定义为工程教育活动即工程教育;而把以工具体系、技术建制为媒介展开的建构性活动定义为技术教育活动即技术教育。按照"三元论"哲学观,科学、工程、技术三者之间既高度融合又高度分化,而且随着社会经济的快速发展,三者相互融合并相互转化的趋势越来越明显。因此,科学教育、工程教育和技术教育在整个国民教育体系中,既具有各自独立的体系,同时也出现相互融合的趋势,主要表现在两个方面。

一是科学教育主要以基础知识、基础原理的教学为主,并在教学过程中注重培养学生探究、发现新知识和新规律的思辨能力、创新能力与研究能力,同时也兼有应用能力的培养,科学教育注重知识的系统性、逻辑性。工程教育主要以基础知识、基本原理及现代技术的综合应用教学为主,在教学过程中主要注重学生的规划、设计和应用能力的培养,同时也注重工程开发和研究能力的培养,工程教育在内容上更具综合性。技术教育主要以科学知识、原理和规律的应用教学为主,在教学过程中注重培养学生的技术应用能力、实际操作能力。随着现代技术的发展,技术教育在内容方面将逐渐由经验技术占据主导地位向理论技术占据主导地位转变。

二是随着社会经济的发展,科学教育、工程教育和技术教育三种教育类型在现代教育实践中也是相互取长补短、紧密联系在一起的。首先,科学教育已不仅仅是纯粹的思辨式教学。在教学过程中注重应用,把研究成果转化为现实生产力是现代社会赋予科学教育的使命之一,把研究成果转化为现实生产力也使科学教育中融合了技术教育和工程教育的内容。把研究成果应用到技术工具的发明和使用中,运用到建造社会的工程项目中是科学教育、技术教育和工程教育相结合的主要特征。其次,随着技术发展越来越趋于综合性和复杂性,技术教育越来越依靠科学教育的支撑,传统"师徒制"形式中的经验技术逐步让位于系统教学方式的理论技术,基础知识和基本原理成为适应技术变革需要的关键因素。最后,技术作为推动社会发展的核心之一,成为改造社会的有效工具和重要手段,对科学教育和工程教育起着沟通和桥梁的作用。

高等职业教育与生产实践相结合是造就全面发展的技术型人才的有效途径。从马克思主义教育与生产劳动相结合的理论分析可知,教育与生产劳动相结合是两个独立活动过程的有机结合,不是其简单的相加,其结合的内容和形式多样,它体现了现代科学技术条件下社会生产发展和现代教育自身发展的要求。这种结合既包括人才培养教育、教学活动过程与实践活动过程相结合的微观层次的结合,又包括教育与科学技术、经济发展相互联系、相互作用的宏观层次的结合,微观层次的结合是最基本的结合,是其核心部分。其结合的理论在不同社会制度下具有普遍性,但在具体实施上具有差异性。

高等职业教育是实现人的全面发展的一种具体的组织形式,符合马克思提出的通过教育与生产劳动相结合来实现人的发展的原则。高等职业教育是以能力为本位培养目标理论与实践相结合,既传授理论知识以发展学生智力,又注重技能训练以增强学生的技能,教学过程贴近生产实践,并将两者在实践环节中有效地融合起来,培养学生的综合职业能力。高等职业教育以每个个体的重点发展为出发点,充分尊重个体的选择自由有针对性地开发个体的潜能资源,使人真正成为其自身发展的主人。因此,高等职业教育也是促进学生全面发展的有效途径。

综上所述,从科学、工程与技术以及科学教育、技术教育和工程教育的关系来看科学向技术的转化以及工程向技术的转化表明,无论一般技术还是基础技术,或是核心技术,在一定程度上也可以通过科学教育及工程教育的途径来完成和实现。基于技术的独立性和高等职业教育的独特作用,从各种技术的传承和发展来看,高等职业教育是最直接、最有效的途径。积极发展高等职业教育,是推进社会经济发展的必然选择。

第二节　高职院校的核心竞争力

高职院校核心竞争力不是短期内就可以完成的,它是一项长期的、持续的战略活动,它需要高职院校在不断地学习、积累过程中,以最经济的速度增加有形资源和无形资源,形成竞争对手难以模仿和无法超越的竞争力。

一、高职院校核心竞争力的构建要素

高职院校核心竞争力需要高职院校在不断地摸索、积累过程中,形成竞争对手难以模仿和无法超越的可持久的竞争力。研究高职院校核心竞争力所包含的要素,就要研究如何将这些要素提炼、强化和运用,形成一种不可超越的核心竞争力。那么高职院校的核心竞争力构成要素有哪些呢?

(一)院校管理者的综合素质

当今全球科学技术、信息经济等迅猛发展,对高职院校发展提出了新的挑战,这就要求高职院校的管理者及其管理团队应具有较高的综合素质。

首先,高职院校管理者,尤其是高层领导人的综合素质是高职院校核心竞争力的关键因素。理由很简单,没有好的领导人,没有一个起核心、骨干作用的领导团队,就不可能形成凝聚力,就不可能把学校管理好。管理者需要有胆有识有胸襟,没有这种精神和见识,是难以管理好一所高职院校的。

其次,高职院校的管理团队既包括高层管理者,也包括中层管理者和教师,两部分管理者形成高职院校的管理团队。高层管理者制定学院的总体发展战略、发展思路;中层管理者和教师是实施者,把学院的总体发展战略、规划、目标等加以落实,从而实现学院的总体发展目标。

管理团队要有廉洁、务实、有创新意识、有强烈的事业心等优良的综合素质,才能形成有效率的、有凝聚力的合力,才能构成有效竞争力的要素。

(二)全新的治校理念

一所学校的治校理念反映了该校管理者对学校教育、管理活动中价值关系的认识程度,引领学校的办学、治学,体现出学校管理者对理想办学状态的追求,因此学校领导及其管理团队要有与高职院校办学有关的市场理念、特色理念、人力资源共享理念、终身教育理念。

(三)优秀的校园文化

所谓校园文化是指以社会先进文化为主导,以师生文化活动为主体,以校园精神为底蕴,由校园中所有成员在长期的办学过程中共同创造而形成的学校物质文明和精神文明的总和。当今,校园文化的概念已经越来越多地在各种场合被教育专家们所关注,高职院校的校园文化建设更是越来越广泛地受到人们的重视。从教育部在全国开展的高职高专院校五年一轮评估工作来看,合格学校主要看条件建设,良好学校主要看制度或机制建设,优秀学校主要看文化建设。可见文化建设在高职院校建设中所具有的地位。

(四)专业设置与建设

高职教育作为高等教育的一种类型和自具特色的组成部分,在专业设置方面,必须有自己的特点,其专业方向应具有较强的职业定向性和针对性。在专业设置上要处理好三个关系:一是树立市场意识,主动适应地区产业结构的调整。二是解决好专业口径的宽与窄的问题,设置复合型专业,拓宽学生的就业适应面。三是处理好专业调整和相对稳定性的关系。

要特别加强专业内涵建设,既要注意专业前景,也要考虑专业发展的基本条件。

(五)师资结构及其素质要求

高职院校教师队伍一般由三部分组成:文化课教师、专业课教师和生产实习指导教师。教师的专业结构与普通院校不同,学科门类非常庞杂,并且随着产业结构的变化,专业设置不断调整,要求教师的专业结构不断调整。随着高职教育的发展,高职教育师资队伍越来越明显地反映出这支队伍应有的素质要求——具有敬业精神;扎实的知识功底;具有相应的实践经验;懂得教育的基本规律;具备职业课程开发能力;具备适应专业教学任务转移的能力;具备社会活动能力和技术推广能力。

(六)独特的人才培养模式

人才培养模式的改革与创新是一所高职院校专业教学改革的目标与核心问题。只有在塑造培养模式中体现出以下特性,才能构成核心竞争力:一是多样性。高等职业教育自身专业的多样化和课程结构的复杂性,决定了高职人才培养模式的多样性。二是应用性。高等职业教育所面向的是某一特定职业岗位群的实际需要,比普通高等教育更加体现职业特殊性,因而应用性是高职人才培养模式的显著特征。三是实践性。实践性是高职人才培养模式的重要特征,因为高职教育必须重视学生实践能力的培养。四是动态性。高职人才培养模式的动态性是由经济和科技发展的快速性和人才需求市场的多变性决定的。它要求人才培养模式必须遵循高职教育的基本规律,但在一定时期内,人才培养模式又是相对稳定的。

通过分析构成高职院校核心竞争力的各要素,为我们培育高职院校的核心竞争力提供了重要的理论和实践借鉴。

二、高职院校核心竞争力的特征

近几年,在学界对高职院校核心竞争力的研究中,对于高职院校核心竞争力特征观点不一,本书在前人研究的基础上,归纳高职院校核心竞争力的特征主要表现在以下几个方面。

(一)价值性

价值性是指高职院校的核心竞争力能够给学校带来好处,能够给学校创造价值。比如胡立和认为高职院校的核心竞争力可以为学校创造出比其竞争对手所拥有的更多的教育价值以及更加低廉的教育成本,晋保山认为核心竞争力能给其所服务的对象带来长期性的利益与价值,这种价值性不在于能给学校带来多经济效益,而主要在于为学校所创造的社会价值,能适应社会的发展,能满足社会的需要,对社会有用。

(二)不可替代性

不可替代性是指高职院校核心竞争力是独有的和不能复制、不可替代的。既然是学校所特有的独一无二的东西,那么,也就是当前和潜在的竞争对手所没有的,同时要求高职院校核心竞争力是不可模仿和难以替代的。

(三)延展性

延展性是指高职院校核心竞争力能够把满足教育消费者的需求不断扩大。比如郑俊钦认为高职院校核心竞争力能够"较大限度地满足教育消费者当前和潜在的教育需求,不断创造新的教育需求增长点"。

（四）长期性

长期性是指高职院校核心竞争力的形成需要一个较长的过程,同时,一旦形成又具有相对的稳定性。比如晋保山认为高职院校核心竞争力的培育建设是在高职院校长期积累的基础上逐步形成的,绝不可能一蹴而就,也不像实物资产那样会随着时间的流逝其价值在不断地丧失。

（五）统摄性

统摄性是指高职院校核心竞争力能够将学校的各种资源、各种优势集中在一起,吸取各种力量的精华,是学校各种力量的大汇合。因为只有具有这种统摄性的竞争力才是学校最大最关键的竞争力,即核心竞争力。为此,孙美丽认为人才培养能力"既有核心竞争力所具备的基本特征,也是学校文化力、学习力、管理力的最终归宿"。

（六）知识性

高职院校核心竞争力比企业核心竞争力所包含的知识性更强,人才培养力在某种意义上就是知识力。因为人才的培养主要靠对知识的灌输与学习,虽然也有能力的训练,但能力中也蕴含着大量的知识,只不过更多的是实践性的知识。

三、高职院校核心竞争力培育的方向

高职院校的核心竞争力是高职教育发展的动力。从高职院校核心竞争力形成机制来看,高职院校核心竞争力培育路径是多样化、多方面的。因此,高职院校核心竞争力的培育主要应该从以树立品牌意识培育精品专业、建设"双师"结构的专业师资队伍、培养高质量人才和提供科技服务、实现校企合作、塑造高职特色文化等多维路径入手。

（一）以品牌意识培育精品专业：高职院校核心竞争力培育的根本

专业即按照劳动市场对社会分工、职业、专业的需求以及学校教育的可能性提供的市场设置。当前,社会分工趋于细化,社会需求趋于多样性,加之职业的多变,高职院校的专业设置门类日趋复杂且伴随着专业结构变化而不断调整。高职院校主要是培养应用性技术技能型人才,随着专业周期缩短、专业设置弹性加大、专业培养的应用性加强等形成了高职院校的专业建设有别于普通高校学科建设的特点,更多涉及"对准市场设置专业",以适应职业市场变化需求。因此,高职院校在品牌专业建设上必须凸显特色、培育精品。

在高职院校的办学中,专业是学校的立身之本,专业建设是办学特色的核心。高职院校核心竞争力的培育必须结合专业资源要素着力塑造品牌专业,以品牌专业的辐射作用,不断制定出带动相关专业的特色,这是提升高职院校核心竞争力的最佳途径。高职院校在品牌专业的培育上应充分考虑品牌专业的实际情况,建设较强的师资团队及该专业有无市场前景。因此,专业建设是高职院校与社会经济、市场需求直接对接的关键点,塑造专业品牌就是提高职业院校的核心竞争力。因此,高职教育既重视"高效性",又注重"职业性",更注重

"应用性",充分发挥专业的品牌效应。

(二)建设"双师"结构的专业师资队伍:高职院校核心竞争力培育的核心

培育核心竞争力最核心的是人的实力和水平的提高。人是核心竞争力培育的承担者与引领者,团队的组合力是核心竞争力的核心来源。高职院校育人作用的发挥最终是通过人力资源元素构建和体现的。对于高职院校教师而言,由于人才培养目标的变革,对教师的职业经历、经验和专业技能有了更高、更多的要求。职业经历不是从事教师这个职业的经历和技能,而是所教授的专业对应的职业岗位的技能,是解决需求和现实存在的矛盾的能力,这已成为高职院校培育核心竞争力的重要环节。

一方面,建立专业教师职业素质补给机制,弥补和充实教师职业意识与经历经验的不足。高职院校教师通过深入企业顶岗任职,从而积累在企业一线的工作经历、经验,熟悉企业的运作流程、最新技术、管理模式,研究企业的发展理念、方法措施等与教学如何结合。要鼓励教师考取职业资格证书,鞭策教师研习专业技能,使自己始终站在专业发展和改革的前沿。通过这些方式的运用,建立相应的机制,使教师自觉地参与到企业顶岗锻炼之中。要建立相应的平台,使高职专科院校和企业互任互动的交流顺利完成,从而建立高等学校、职业学校与行业企业联合培养"双师型"教师机制。

另一方面,建立"专兼结合"的企业兼职教师库,改善专业教师结构。高职院校改变传统的教师身份管理模式,遵循"为我所用"的原则,通过学院统一构建合理调配原则,校企共建,互通有无,灵活聘用;制定兼职教师入库的标准、条件、选拔方式;制定兼职教师库的运行维护办法,包括兼职教师履职的待遇、要求、考核办法等建立兼职教师库,以保障兼职教师的履职积极性。同时,从企业行业聘请一批技术骨干和能工巧匠组成兼职教师库,使兼职教师发挥好教学、指导、教研的作用,从而改善传统院校专任教师的不合理结构,切实有利于推进教学改革。

(三)培育高质量特色人才:提升高职院校核心竞争力的方向

人才培养质量是培育和提升品牌专业建设核心竞争力的方向,高质量人才是高职院校为社会提供的最终产品,也是高职院校具备核心竞争力的最终体现。在核心竞争力理论中,价值性、稀缺性、不可模仿性人力资源是提高核心竞争力的重要特性。人才培养特色是获取竞争优势的重要手段,也是差异化战略的具体表现。高职院校育人特色表现在高职院校历史积淀之中、高职院校文化的发掘之中、高职院校专业建设模式之中,也表现在高职院校教学方式、育人手段、实施途径、学生专业能力的表现之中。同时,高职院校育人特色还应体现在"产品"之中,即人才的含"金"量上是不是职业素养与职业技能高度结合的学生,是不是具备深厚发展潜力的学生,是不是与需求相适应的、与人岗匹配的、"适销对路"的学生,是不是让竞争者无法复制的学生。最终,以独特的人才规格和高水平的质量为企业提供价值满足,在毕业生人才供给上发挥名校效应和名师效应。

(四)塑造高职特色文化:高职院校核心竞争力培育的软实力

校园文化是一项集理念、纪律、机制、行为于一体的系统工程。如何形成、保护和发挥高职院校独特的文化资源,并从这一文化土壤中获得持久的生存和发展潜力,是高职院校核心竞争力建设中不可忽视的重要课题。首先,要优化办学定位。管理是高职院校文化建设的重要内容,高职院校管理的制度创新、理论创新等都离不开文化创新的推动。高职院校管理要优化办学定位,以文化精神为灵魂,以文化模式为基础,以文化理念为主导,以文化载体为依托,以文化引领高职管理。把高职文化建设放在管理的中心位置,提升管理效力,增强职业色彩,把职业和技术要素摆在学校文化建设显著位置上,开发出更具职业特色的精神文化活动,使职业文化特色建设有鲜明内容,在行业和区域服务上应有所侧重,这样便于利用有限的资源,更好地服务于技术技能人才培养。

其次,营造职业文化环境。要加强具有职业特色的校园物质文化建设,即以校园建筑、园林与生活环境为载体,突出校园物质文化。同时,加强各种与职业相关的社团活动,活动的主题与学生即将从事的职业岗位尽量贴近,让学生在校园就仿佛置身于职业环境之中,对于培养良好的职业道德操守、孕育良好的职业技能创新力都具有十分积极的意义。

再次,强化高职校风建设。校风、学风、考风是学校文化的重要组成部分,培育优秀的校风、学风、考风是高职院校提高办学质量和效益的重要途径。高职院校的校风、学风、考风状况对于培育新时代职业技能创新型人才尤为重要。应全面强化高职院校的校风、学风建设,通过严格考试纪律、加强考风建设、树立良好考风,特别是端正当前职业院校教师执教态度,加强其责任感,整顿教学秩序和教学纪律,通过加强管理改善教风,通过多种主题活动引导教师积极提高教育教学水平、提高责任性、改善教风,通过各种管理程序将良好的校风、学风、考风落到实处。

最后,健全高职文化管理机制。一是建立文化约束机制、信息机制、物质保障机制、载体机制等,主动研究和建设高职文化,处理问题从文化的角度切入,用文化的深刻内涵指导管理,形成相对固定的高职院校文化的思维模式,形成对高职文化的一致认同,让近期目标能为长远的高职教育目标服务。二是建立高职文化建设的保障机制,从认识上予以重视,在物质上加大投入,把高职文化建设经费纳入财务预算,建立各方面的支持保障机制。三是建立考核评价机制,避免高职院校文化建设浮于表面,流于形式,彰显高职文化的软实力。

第二章

高职专业与专业群理论

第一节　专业建设理论依据

一、专业建设基础理论依据

(一)组织转型发展理论

学校作为社会组织中的一个类型,有其目标、原则、规章(制度)、工作(任务)、活动等,其运作模式符合普通社会组织的运行规律。过去学校的职能主要包括教学、科研、服务社会等,但随着时代的发展,学校的职能逐渐向创业职能转变,在此过程中其目标、原则、规章、工作和活动等也必然会发生相应变化,进而带动学校这一社会组织的变化。20世纪80年代以来组织学中逐渐形成的转型理论,可成为学校转型的基本理论依据。组织转型理论(Organization Transformation,OT)出现于20世纪80年代,由组织发展理论(Organizational Development,OD)逐渐演变而来,该理论是现代组织学的一个新的研究领域。该研究领域较具代表性的专家有贝克哈德(R. Beckhard)、利维(Levy)、默瑞(Merry)、巴克利(K. W. Buckley),他们关于组织转型的研究主要基于全球化背景下的企业发展环境,他们认为在全球化背景下,各种因素变化频繁,导致企业之间竞争日趋激烈,要想在竞争中处于优势地位,企业就应当有转型意识,适时做好转型准备。他们提出组织转型主要是企业自我认知方式的转变,即企业管理理念、组织架构、经营战略、运行机制等方面的彻底转变,而不仅是范式上的转换。因此,组织转型是组织在特定背景下寻求新的发展路径的一种行为方式,转型的成功对部分组织来说是一次重生,将使组织朝着更好的轨道发展下去。组织转型理论对学校转型主要有以下几方面的启示。

第一,学校作为一种特殊的社会组织,其有自身的发展目标、原则、形式和制度,在全球化背景下,学校的转型将会成为一种必然趋势,其原先的构建和发展模式将会被代替。

第二,学校组织转型涉及学校办学理念、价值取向和思维方式等的彻底变革,不是也不应该是一般意义上的简单改造。

第三,转型意味着从原型变革到新型必然经历一个过程,涉及院校办学的方方面面,因此学校的转型不只是形式的转变,也不可能在短期内完成。

(二)高等教育分类理论

高等教育分类理论产生于20世纪70年代,是一种主要研究高等教育类型划分的理论。我国对高等教育分类的研究在高等教育进入大众化阶段后逐渐兴起,在21世纪初形成了研究热潮。该理论虽然起步较晚,但一直是国内外学者较为关注的热点。

高等教育系统的分层与社会经济发展有密切联系,高等院校的数量不是一成不变的,而是随着社会发展的需要而增加或减少。我国当前高等教育分层结构呈现的是一种两头小、中间大的橄榄形。传统学校毕业的学生处于一种高不成低不就的尴尬地位,既不能做高端的科学研究,也不能适应市场对技术型人才的需求,导致了资源、人才的浪费。可见,促使高等教育可持续发展的当务之急是构建合理的高等教育分层结构。教育部已开始启动院校转型改革,我国将有多所院校转型为职业教育院校来培养高级技工、高素质劳动者,以缓解学生就业困难、技术型人才匮乏的局面。高等院校应根据自己的实际情况,改变盲目升格的观念,合理配置教育资源,构建合理的高等教育分层结构。

(三)高等教育专业理论

专业是根据学科发展和职业分工而形成的人才培养方案或培养计划的基本单位,处于学科体系与社会职业需求的交叉点上,这决定了专业具有以下几方面基本特征。

第一,专业的课程教学计划往往是三类课程的有机组合,即思想道德与人文知识课程、学科基础知识课程、专业性知识与技能训练课程的有机组合。第一类课程主要培养学生的思想道德和综合素质,后两类课程则主要培养学生的专业知识和技术技能。无论专业人才培养方案做何调整,这三类课程课时比例如何分配,各个学校的专业课程教学计划均未突破该种组合模式。

第二,学科是专业的基础,围绕某一学科可开设若干专业,由于这些专业的专业基础课大致一样,因此被称为"相近专业"。某一专业可能涵盖若干不同的学科,并且这些学科还可能分属不同的学科大类,这类专业通常被称为"跨学科专业"或者培养"复合型"人才的专业。这说明与学科按自身知识系统逻辑来划分的方法不同,专业主要按社会对不同领域与岗位的专门人才的需求来划分。不同领域专门人才在实际工作中需要哪方面知识,专业就通过组合相关学科课程来满足该需求。因此,专业以学科为依托。

第三,高职院校专业结构会根据社会对人才需求的变化和产业结构调整而变化。主要表现为新专业的不断设置、落后专业的淘汰等。专业作为学科培养人才的基础平台和载体,在整合相关学科理论知识的基础上,还应不断加强自身的建设,如确定专业设置口径、进行专业定位、开发专业人才培养方案、明确专业培养目标与规格等,从而更好地发挥人才培养的功能。

(四)共生理论

"共生"的概念最早是由德国真菌学家德贝里(Anton de Bary)提出的。共生关系是指本是不同种属的事物,但由于生活在一起而形成的一种相互依存的互利关系。在他的理论基础之上,布克纳又提出了"内共生"的概念,科瑞勒·刘威斯提出"寄生、互惠共生、同住现象"。20世纪末,我国学者袁纯清构建了"共生理论",并以此来研究小型经济,之后这一理论开始运用于社会科学的其他研究领域。运用到社会科学领域后,共生理论发生了一些变化,主要指异质对象结成友好、合作、相互促进的社会形态。按照共生理论的一般观点,共生是人类社会和自然界中的普遍规律和现象,所谓"共生"也就是共同生存和发展,共生关系的实质是这些不同种属的事物相互之间进行合作,在相互之间共同促进、共同发展的内在动力之下,实现人类社会和自然界之间的协同,进而实现共生。互利互惠、共同生存发展是人类社会共生现象发展的必然趋势。共生现象具有普遍性,是人类社会和自然界中普遍存在的客观规律,如果以共生理论的普遍性来对人类社会中的经济、文化、政治和教育等进行观察和分析,那么,也就可以更加深刻地理解和把握相关问题的客观性,有利于实现人类社会的可持续发展、科学发展、和谐发展。地方经济发展与区域内高等教育的发展同样可以用共生理论进行解释。一方面,地方经济的发展需要高等教育为它提供人才和智力支撑;另一方面,高等教育的发展又需要由地方经济提供物质基础。只有加强合作与协商,二者才能共同促进、共同发展,从而实现互利互惠、共同生存发展。地方普通高职院校实行应用技术转型,就是要通过与区域经济协同合作,共同促进、共同发展。应用技术学校与区域经济发展存在着互利互惠和共赢共生关系。在知识经济时代,学校"从社会的边缘走向中心",对社会所承担的义务也随之增加,对经济增长和社会进步的作用也进一步增强。

(五)专业生命周期理论

生命周期理论是指自然界的人与物都要经历从出生、成长、成熟、衰退到死亡的全部过程,而每个阶段和整个周期都有其自身的特点和规律。生命周期理论可应用到政治、经济、教育等多个领域。高职专业也有自己的生命周期。高职院校专业生命周期是指学校的专业从专业设置到专业完全退出学校教育活动所经历的过程。此过程可分为四个阶段,即初创阶段、成长阶段、成熟阶段和衰退阶段。

高职院校专业建设要遵循专业的生命周期规律,且兼顾专业不同生命周期的特点,高职院校专业生命周期各阶段的特点如下。

1. 初创阶段

专业初创阶段是专业由潜在需求转化为现实需求的过程,主要有教学基础设施投入大,师资队伍不成熟,实习、实训基地建设不完善,社会影响力小,办学效益低等特点。

2. 成长阶段

专业成长阶段是专业快速发展的时期,在此阶段专业的发展速度远远超过了整个专业的平均发展速度,市场需求明显扩大,主要特点是教学投入继续增加,有一定的社会影响力,主动适应社会对人才需求的变化等。

3. 成熟阶段

专业成熟阶段是专业发展到较正常水平、相对稳定成熟的时期,主要具有教学条件基本完善,新的教学投入少,社会影响力大,办学效益高等特点。

4. 衰退阶段

专业衰退阶段的特点是劳动力市场需求减少,招生规模萎缩,办学效益低,学校不再增加教学投入,整改或关停专业等。

二、专业建设内涵界定

(一)专业及专业建设内涵界定

1. 专业的内涵

关于专业的内涵,主要有以下几种观点。

《教育大辞典》指出,"专业"译自俄文,大体相当于《国际教育标准分类》中的课程计划(program)或美国高等学校的主修(major)。这一定义明确了"专业"的词源。专业在不同国家有着不同含义。《教育管理辞典》认为"专业是高等学校或中等专业学校根据社会分工需要分成的学业门类。各专业都有独立的教学计划,以体现本专业的培养目标和要求"。这个定义基本与《辞海》的解释一致,认为专业是一种学业门类。《高等教育学》认为"专业是课程的一种组织形式"。因而在谈到课程时,其中也就包含了这种组织形式。这一定义与美国高等学校的主修(major)基本一致,认为专业是一种课程的组合。《辞海》对专业的表述是"高等学校或中等专业学校根据社会分工需要而划分的学业门类"。《实用教育大词典》对专业的解释是"依据社会分工和经济社会发展需要以及学科的发展和分类状况而划分的学业门类"。

据此可看出,虽然各种表述不尽一致,但是都体现了专业概念的核心:以课程为集合的专门领域人才培养的门类。结合以上对专业的界定,"专业"主要是指学校根据社会发展需要、职业分工以及学科分类状况而划分的学业门类,是培养专门人才的载体。

2. 专业建设的内涵

目前,国内关于专业建设的内涵主要有两类观点:一是"构成因素说",即认为专业建设是由多种相关因素构成的集合体,其中人才培养方案是基础、课程是核心、教师是关键、实训条件是基本保障。另一个是"目标方式说",即认为专业建设由专业布局、专业设置、专业目标确定、专业培养模式创新、专业评估认证等一系列内容构成。

专业建设有广义、狭义之分。广义的专业建设是根据社会需求的变化,从国家层面出发,由全国高等学校制订的具有指导意义的人才培养模式框架体系。而狭义的专业建设则是指高等院校自身为了适应对高级专门人才的培养需要而开展的一种实践活动。专业建设是院校系统性的基础建设工作,在具体实践中,专业建设又可再细分为宏观建设和微观建设两个层面:宏观专业建设的范畴包括专业设置和布局、专业结构的调整优化以及重点专业的建设与扶持等。微观专业建设则是针对某一具体专业而言,包括制订人才培养方案、设置教学和课程计划、进行实训基地建设、革新教学方法、进行师资队伍建设等内容,其目的在于提高专业教学水平和教学质量。

3. 专业建设要素的内涵

要素是"维持事物运动的最小单位,是事物运动必不可少的因素"。欧阳河认为,专业的构成要素包括"学生、教师、教学实施、课程",其中,"课程是专业教学的核心""课程包括专业目录、教学计划、专业培养目标、教材、考试考核标准、专业评价标准等",各要素相辅相成,缺一不可。专业建设要素包括劳动力市场需求分析和预测,专业设置与教学,实习实训基地及实践教学体系建设,师资队伍建设,教学管理。专业建设是一个系统工程,专业设置与专业规模是专业建设的前提,专业师资队伍是专业建设的关键,实训基地建设是专业建设的基础,专业教学与课程建设是专业建设的核心,专业办学质量是专业建设的保障,校企合作与社会服务是专业建设的支柱。总之,以上六个部分是专业建设不可或缺的部分。从专业建设系统性的角度来看,任何一个部分的缺失都将对系统功能的实现产生不可小觑的影响,导致专业建设难以实现整体功能大于各部分功能之和,即"1+1>2"是不成立的,甚至出现专业建设整体功能小于各部分之和的现象,即"1+1<2"。从职业教育坚持的五个对接来看,专业建设要素不是固定不变的,而是随时处在动态变化之中的。专业要与产业对接,当某个产业发生变化时,专业也要随着产业的变化而变化,专业设置与专业规模将随之调整。专业

设置与专业规模的变化就自然要求与之相匹配的专业师资队伍、实训基地和实训教学等也随之变化,以达到彼此互相协调、相互促进的目的。

4. 专业建设的构成要素

专业设置与专业规模是专业建设的前提,专业设置与专业规模子系统包括专业设置、专业发展、专业规模、职业培训四个子要素。其中,专业设置是指新兴专业的开发和原有专业的调整;专业发展是指专业的师资队伍、实训基地、课程建设等方面不断发展和完善的过程,是专业从诞生到成长再到成熟最后到衰退的过程;专业规模是指专业招生人数的多少;职业培训是指专业对外开放的技术技能培训。

专业师资队伍是专业建设的关键,专业师资队伍子系统包括专业带头人、师资结构、"双师型"教师、师资培养、教学研究五个子要素。其中,专业带头人是专业教师队伍中的领导者,其掌握了专业的前沿知识,具有扎实的专业知识,能够根据产业发展变化预测专业未来的发展趋势和走向;师资结构是指教师队伍的年龄、职称、学历等方面的层次结构;"双师型"教师是指专业课教师具有双证书即学历证书和职业资格证书,不仅掌握专业理论知识而且具有一定的技术技能,能够将理论有机地应用到实践操作中;师资培养是指对现有教师专业知识、教学能力、实践操作能力和科学研究能力等多种能力的锻炼与强化;教学研究是指对理论教学和实践教学的探讨与钻研。

实训基地建设是专业建设的基础,实训基地建设子系统包括环境与制度建设、实训的设备建设、实训教学、顶岗实习四个子要素。其中,环境与制度建设是指为了加强实训基地的管理建立的规章制度;实训的设备建设是指满足实训教学要求的设施设备;实训教学是指以实训项目为主题的实践教学,以强化学生的操作能力为目的;顶岗实习是指学生到企业的实际工作岗位上进行实践锻炼。

专业教学与课程建设是专业建设的核心,专业教学与课程建设子系统包括常规管理、教学方案、课程体系、课程实施、课程评价、教学资源、教材建设七个子要素。其中常规管理是指为了维持正常的教学秩序而开展的管理工作;教学方案是指为了有效地开展教学而制订的实施计划;课程体系是指不同课程的排列组合及课时安排;课程实施是指课程计划的执行;课程评价是指对课程目标是否达到教学目的的检查;教学资源是指为了有效地开展教学而提供的各类素材;教材建设是指教材的选用与开发。

专业办学质量是专业建设的保障,专业办学质量子系统包括质量监控、双证率及就业质量、技能比赛三个子要素。其中,质量监控是指在教学质量评价的基础上对教学质量进行的规划、检查、评价、反馈和调节;双证率是指获得学历证书和职业资格证书的学生数占全体学生数的百分比;就业质量是指就业率、专业对口就业率、就业单位、薪酬水平的总体情况;技能比赛是指有重点、有组织的竞赛活动,重在突出学生的实践能力和解决实际问题能力。

校企合作与社会服务是专业建设的支柱,校企合作与社会服务子系统包括校企合作、技能鉴定两个子要素。其中,校企合作是指学校与企业合作办学、共同育人;技能鉴定是指提供鉴定业务管理系统与国家职业资格证书查询服务。

三、专业建设支持环境

(一)建立全新的教育教学理念

深化以学习者为中心的教育教学改革,由教主导学,向以学习者为中心的人才培养理念转变是高等职业教育回应"受教育者"个性化需求的必然之举。教育教学改革是人才培养改革重中之重,当前,深化教育教学改革需要以"课堂革命"更新教育观念、教学方式,以校企共建打造优质教育教学资源,实现人才培养从标准化向差异化、多样化、个性化转变,以教学改革推动以学习者为中心的学习新范式建构。高职院校要坚持立德树人、弘扬工匠精神,坚持工学结合、知行合一,既要注重学生严谨专注、敬业专业、精益求精、追求卓越的品质养成,也要着重提升学生职业素养,加强学生认知能力、合作能力、创新能力和职业能力的培养。

(二)以先进性为要求提升综合办学条件

只重视硬件建设而不重视软件建设,内涵建设就会失去灵魂;只重视软件建设而不重视硬件建设,内涵建设就会失去基础。只有既拥有前瞻性的规划、完善的基础设施、完备的实训(模拟)设备及良好的实习实训环境,又拥有先进的办学理念、深厚的历史文化、特色鲜明的品牌文化、高效务实的管理文化、丰富浓郁的产业文化,才能形成独具校本特色的团队精神、价值追求、制度体系和发展愿景。高职院校应完善信息化设施,构建信息化环境,充分运用信息技术改造传统教学与评价方式,改进管理方法与手段。

(三)以学校为责任主体构建内部质量保证体系

高职院校在过去一段时期内多采用绩效指标以及与资源分配相关联的等级评分规则进行建设成效评价,这在一定程度上强化了学校间的相互模仿,弱化了多样化发展。作为人才培养的第一责任主体,各个高职院校要以实现质量自治为目标,建立健全内部质量保证制度体系,切实推进教学工作诊断与改进制度建设,建立常态化的院校自主人才培养质量保证机制,通过对质量生成过程的分析,寻找教育教学质量的关键控制点(环节),通过制度规范、程序支持、文化自觉等,实现质量持续改进和提高。

(四)以适应现代产业发展为宗旨建设高水平专业群

单个专业建设向专业群建设的转变是高等职业教育回应产业需求的必然之举,是为了更好地适应产业结构转型升级,形成与现代产业发展需求相适应的专业新形态。专业集群发展是高等职业教育优化资源配置、创新服务模式、实现专业复合发展的重要策略,也是技术技能积累与创新的增长点。为抓好高水平专业群建设,高职院校要从市场需求侧和人才供给侧入手,尊重办学积淀,立足服务面向,对接产业结构,厘清群内专业关系,明确管理运行方式和评价机制,画好专业群与产业群(岗位群)的映射图、群内各专业关系的逻辑图、主要建设内容的鱼骨图和建设进程管理的甘特图。

(五)以服务需求为主导锻造超强社会服务能力

所谓"超强"就是要体现职业教育特点,实现职业教育的不可替代性。所谓"社会服务"就是要紧盯国家重大战略,扎根地方经济社会发展,强化技术技能积累,支撑国家经济转型升级,精准对接服务社会发展。院校发展及其专业建设要立足服务区域经济社会发展,持续扩大影响、赢得支持、汇聚资源,进而实现社会服务能力再提升,为高职院校可持续发展提供持续动力。

(六)以内涵特色为名片打造市场辨识度

特色是建立在质量基础上的特色,没有质量的特色只能是包装出来的特色。在高等职业教育发展初期,特色是笼统的、模糊的,如"就业率高""录取分数高""社会影响力大"等。在示范(骨干)校项目建设阶段,特色是学校抽象的、局部的,如"示范校""骨干校""验收优秀"等。在高等职业教育创新发展阶段,特色已经走向具体化,其评价主体由教育部门转向外部社会,评价对象也从院校整体走向专业群。因此,学校应研究如何实现专业链和产业链紧密对接,找准专业群服务地方和产业的切入点,坚持长期投入、持之以恒地进行建设,通过提升专业群建设水平来彰显特色,打造市场辨识度。

第二节 专业群基础与建设原则

一、专业群建设基础理论依据

(一)产业集群理论

西方经济学家迈克尔·波特(Martin Trow)在《国家竞争优势》一书中首先提出产业集群(industrial cluster)一词。产业集群是指在特定区域中具有竞争与合作关系、在地理上集中、有交互关联性的企业、专业化供应商、服务供应商、金融机构及相关产业的厂商及其他产业通过聚集发展,在一定区域内形成产业链,发挥集聚效应。高职教育专业"群"式或"集群"式发展的理念来源于经济学领域中的产业集群理论。产业集群理论强调群的形成是基于资源集聚的比较优势而带来的集聚效应、效率效应、规模效应和扩散效应,从而提高绝对竞争力。专业群的概念在产业集群的基础上产生,基于专业群构成的关联性、专业群内各专业在实验实训设备及师资等方面的共享性、专业群内优势专业带动弱势专业的带动示范性及由此带来的人才培养质量提高、办学成本降低、办学竞争力提升等良性效果,都是产业集群理论在专业群建设过程中的运用。

(二)系统理论

系统论是研究系统一般模式、结构和规律的学问。它用数学方法定量描述、研究各种系统的共同特征和功能,追求并建立适应一切系统的原理和数学模型。系统论是20世纪的三大理论之一,与控制论、信息论合称"老三论"。贝塔朗菲强调,任何系统都是一个有机的整体,它不是各个部分的机械组合或简单相加;系统的整体功能是各要素在孤立状态下所没有的。系统论的核心思想是系统的整体观念;基本思想方法是把所研究和处理的对象当成一个系统,分析系统的结构与功能,研究要素、系统、环境三者相互关联和变动的规律,并优化系统观点。系统论运用集中性、完整性、等级结构等概念,研究适用于一切综合系统的模式、原则和规律,并力图对其结构和功能进行数学描述。系统论强调整体与局部、局部与局部、整体与外部环境之间的有机联系,具有整体性、动态性和目的性三大基本特征,作为一种指导思想,系统论把事物当作一个整体来考察。

高职院校专业群建设的因素并不是单一的,它包括外在因素和内在因素。外在因素包括社会环境、社会需求、政策支持、经济发展状况和社会文化等;内在因素是指向职业院校专业群建设自身的内在规律,如基础设施条件、师资状况、课程体系建设、校内外实训实习基地建设等。职业院校专业建设不仅直接反映社会需求,而且有其内在发展规律。其最终目的是职业院校科学发展与不同发展时期对人才需求变化的平衡,矛盾的落脚点是职业院校专业群建设过程中的调整与改进。专业群的发展建设改进是一个系统的工程,不可能仅因社会需求变化就频繁变革。

二、专业群的基础特征和建设原则

(一)高职专业建设要注重社会需求、职业需求的原则

随着产业的转型和社会层次的提升,社会的发展对高技能人才提出了更高的要求,但是在我国现有的技能人才培养中,还存在很多不足,在很多方面缺乏制度的支撑。由于缺乏高职教育普及的支持,高技能人才规格的提升面临着困境,这里以高职专科与应用型本科衔接的视角研究高技能人才的转型与困惑。

高职专业院校在专业开设过程中,需要将社会需求作为主要出发点,在满足市场经济的条件下,在行业和企业以及用人单位等方面掌握自主权,通过了解市场配置的人才需求,企业会在此基础上选择一些符合社会市场需求的人才,培养学生的职业能力。因此,高职院校需要对于技能型人才做出客观公正的判断,主动走入企业当中,对人才需求进行调研,听取相关行业人士的建议,了解人才去向,只有充分做到对于人才的定制培养,才能避免在人才培养中出现的一些问题。

除此之外,高职院校还要在专业建设上进行反应和调整,高职院校作为重要的办学机构,如果想要实现长远发展,就需要不断满足社会和经济建设的要求,时刻关注社会对人才发展的新动向,不断调整人才培养的目标,从而制订科学的教学计划。同时,高职院校的建设还需要高智能的团队作为支撑,需要建立专业咨询委员会,邀请省内的专业人士和人力资源等方面的专家,共同商讨对高职院校未来建设的对策,从而实现高职院校专业建设的良性发展。高职院校应该本着为地方经济发展和服务于劳动力市场这些办学宗旨,在专业设置过程中需要兼顾各方的利益,还需要考虑自身的发展情况,对于一些人员上相对饱和的专业,要适当进行新的领域的开拓,同时,还要兼顾社会各个方面的利益,满足学生和家长等各个方面的需求,实现高职院校专业的良性发展。

(二)高职院校专业建设要保持适度超前的原则

人才培养需要一定的周期,随着社会科技的迅猛发展,技术的进步会给整个社会带来不小的冲击。随着劳动力的发展与变革,社会各种产能的加快升级和换代,大数据时代带来的是社会产业机构的快速调整,在科学技术飞速发展的情况下,高职院校需要根据社会科学技术和经济建设的发展状况,对于一些理论的研讨,需要经过科学的预测,在更深层次上进行研究与实践,从而在经济结构和产业等方面进行调整和转型发展。

(三)高职专业建设要加强学校与行业、企业合作的原则

经济发展的背后有各种力量的推动,经济的波动的原因是经济增长因素的改变,在劳动力的供给方面,我们需要在新的经济发展状况下进行调整,在新的经济发展常态下,在质量、技术等层面都要加快创新的步伐,同时培养大量高技能的劳动者。处在经济结构的变动之中,很多粗放型劳动经营者没有实现各种力量的转换,在高职教育的合作过程中,企业和高职院校很难做到人力资源和资本的配合和发展。

此外,高职院校也要根据所在地的经济发展方式的变化和产业结构的升级和新兴产业的发展方式,及时了解岗位的人才培养需求,按照职业资格标准,参考各种技术岗位的任职要求,从培养学生职业技能的角度出发,优化具有显著优势的企业,同时还要优化文科类专业岗位,增加技术密集型产业的设置,在此过程中减少密集型产业的相关专业的设置。另一方面,还需要加大人才培养力度,增加创新型、应用型人才培养的规模。整合优化教育资源,在其过程中多进行规划和调整,调整优势学科,培养具有竞争优势的专业,在培养过程中,突出高职院校的专业特色和优势,同时重视专业能力以及理论和实践能力的培养,根据学生的知识和文化技能背景,对时间进行合理的安排,同时制订出循序渐进的发展计划。

最后,还要根据不同岗位的职业资格认证能力安排考试内容,根据专业的教材制定详细的职业培养技能,培养学生的基本能力和专业能力,只有培养好学生的动手操作能力,才能培养出具有全能型技术的毕业生。利用现有的实训基地,在企业中设置培训基地,同时安排学生到岗位上实习,可以满足培养教师理论和实践的岗位,在高职院校培养中,还需要增强与高职院校之间相关的企业和行业的合作,建设具有生产和教学功能的实训基地,加快推动高职院校与行业企业之间实验实训平台,同时开发新的教育模式,增强师生之间的相互交流,在校企合作的办学模式中,实现学生与教师的共同成长,推进高职院校之间的积极合作,共同进步和发展,推动高等职业教育健康平稳发展。

学校与企业之间的关系是分不开的,需要建立起定期轮流实训制度,引导教师走向实践工作岗位,体验实际技术操作。同时,要鼓励指导教师到本地企业中去实习锻炼,增强与企业之间的联系,切实体验企业的工作流程,亲身感受产品从研发到生产再到营销这些环节和过程,着力提高教师的专业实践能力和实践教学能力,促使教师深入一线,找到实训教师的突破口,实现从生产到建设再到管理和服务,完成岗位专业实践。同时,教师还可以了解自己所从事的专业相关发展状况,向有经验的工人前辈了解产品的制作工艺或操作技巧,并将这些问题和经验补充到日常的教学当中,这样,有利于年轻的教师队伍向前辈学习,同时有利于双师型人才的培养,壮大青年教师队伍,提升教师队伍的专业水平。

(四)高职专业建设要强化政府职能,依托地方经济的原则

高职专业教育模式具有一定的发展规律,在办学规模和办学技巧等方面需要一定的财政收入,以及逐年增加的职业教育投入,重点实现高职专业院校实训基地的变化与发展,在专业的实训基地和师资队伍以及信息化建设等方面需要重点扶持。同时强化政府的工作职能,政府部门和教育部门的职业教育发展需要进行明确的统筹和规划,依托地方经济,巧妙

地进行政府专业的发展,同时要明确各个部门的分工,教育行政部门要起到带头作用,其他部门需要进行分工合作。最后,还要加大支持力度,适当增加技术密集型产业,在人力、财力等方面加大扶持力度,增加技术密集型产业的规划和编制,在财力物力等方面进行大力度支持,减少劳动密集型产业的对应宣传,在全社会范围内,加大宣传力度,借助舆论的宣传,在全社会树立起新的学习风尚,提高教育职业的影响力,从而更加有利于培养全面发展的人才。

(五)高职专业建设要实现效益最佳原则

高职专业在设置上主要将效益分为社会效益和经济效益。社会效益主要是指贯彻落实国家教育方针政策,在这个过程中,需要满足社会对技能型人才的需求,还要科学、合理地设置专业,按照国家的教育方针和政策,在细节方面进行贯彻落实,在政策实施上,需要探索新的人才培养模式,在此基础上,不断进行创新。同时在教学过程中,开辟"专升本"教育通道,将高等职业教育纳入经济发展规划当中,还要联系其他职业教育集团,集中各种力量,整合教育资源,培养学生的技能,拓展社会优势学科和专业,在培养工科学生的同时,还要适当增加人文素养学科的人才。在重视经济效益的同时,不能忽视社会效益的实施,在此过程中,要建立起专业办学的特色和优势,增加社会效益。

(六)高职专业建设要体现多样性原则

根据行业企业对人才需求的状况,可以根据岗位的标准进行选择,根据高职院校的发展状况研究对策,从而选择适当的专业。一些不适合社会发展的专业,需要予以摈弃,不断开设新的专业,保持专业的灵活性,还要兼顾一般性的专业,根据行业和企业的发展对技能型人才的需求情况做出安排,逐渐推进全日制教学情况,发展非全日制教育,开展城乡结合的教育模式,面对就业培养和技能相关的任务培训,对未来的退役军人和毕业生都要掌握好发展方向,对于残疾人和专业人员等群体都要进行职业教育和培训,在专业设置上还要具有一定的适应性。在我国西部地区,经济发展较为缓慢,因此应建立起长效的动态发展机制,对专业设置进行产业优化升级,积极开展和政府相关的政策需求,做好正确的导向作用。

第三节 专业群建设的意义与内容

一、专业群建设的意义

(一)专业建设是高职院校发展的核心工作

在我国,专业这一概念有着很强烈的实体意味,在这种专业划分的背后,存在几个原因,教师在其中起到一种引导作用,一般是由教师组织、建立起一个实训教室,同时几个专业构成了一个体系。在此过程中,可以仿照本科的教学模式,将高职专业的教育教学划分为多个专业,形成专业的教学模式,将高等职业教育教学模式脱胎于高等教育模式,真正体现出高等职业教育院校的特点,切实提高教师和学生的素质,合理安排教学内容设置。通过创新活动模式,对学生提出新的要求,在学生和教师的活动之间建立起有效的联系,从而培养高素质的人才,而高职院校的作用在于培养具有专业技能的人才,这种思想关乎高职院校的生存与发展。归根结底,取决于高职院校对人才培养质量的把关,因此,作为高职院校专业建设的核心模块,需要教师对此引起重视,在高职院校的课程编排中,把握专业建设的重中之重,对专业建设做好把关工作,在理论和实践上进行探讨和分析,这也成为教师统筹全局进行课程开发建设的重要工程。

(二)专业建设是实现就业导向的保证

高职教育专业与社会行业之间存在着必然联系,只有在专业建设中不断加强专业建设,才能够保证高职专业建设与社会发展的实际紧密联系起来,才能够实现社会经济的发展和进步,从而做到专业结构的优化升级和课程改革的逐渐进步,提高高职院校的教学水平,提高学生素质。高职院校也需要根据社会经济的发展划分专业类别,在专业结构层面进行优化升级,不断推进专业课教学的课程改革,在各个方面为教学专业设置着想,充分考察每一位学生的特点。尤其是在教学过程中,重视提高教学水平,提高专业的竞争力,从而保证了良好的充足的生源,提高技术产业的升级和应用。同时,随着社会的变化,建立起准确灵活的定位,将学生的就业作为重要的出发点,在专业设置上,以就业作为导向,及时掌握经济发展的动态,分析出社会的需求,并能够及时根据社会的发展,调整经济发展和岗位职业的变化,对自身的专业结构进行调整和安排,对于一些不适应社会发展的专业,需要根据地区的基本情况进行改革和管理,逐渐找到适合自己发展的专业,根据具体地区的发展状况,进行专业化特色产业的划分。最后,需要对专业以产业链的形式进行划分,在产业链之间建立起联系,建构起专业的培训群体,在教学过程中增强学校专业对岗位的适应性,满足不同时期对不同专业部门人才的需求。在高职院校中,对科学教育进行专业的定位,从而采取重要措施,找出不同专业之间的内涵,突出专业的特色,从而成为每个专业共同探讨的问题。

(三)专业建设的复杂性要求新的指导方法

高职院校水平的提升不是一蹴而就的事情,而是一个长期的建设过程,为此,我们必须要抓好课程建设这条主线,从短期内的试点性改革入手,同时发挥教师的参与者作用,协调好各个方面的资源,促进高职院校的可持续发展。在课程体系改革建设中,对本校的课程进行整体上的衡量和操控,不断对高职院校改革进行清晰明确的定位,还要在专业课程改革中提出整体性的改革要求,建立起专业的课程评价体系,从而形成一种合力,在教学改革中密切配合,在改革过程中重视衡量专业建设的效果如何,专业建设的目标是否能够达到,如何在新的专业建设中取得成效,这些都是我们在专业建设中需要回答的问题。在此过程中,我们也需要建立起评估体系,对专业建设工作不断地进行有效的反馈,保证专业建设的顺利进行,从而使得专业走向正确的轨道,形成一种常态的有效的管理机制。利用专业建设的复杂性和重要性,全面看待社会高职专业建设等问题,在系统分析中,引入科学的评价方法,对高职院校的内涵也要进行充分的考虑。

二、专业群建设的内容

(一)对产业结构进行调整,提高培养人才的能力

产业结构的调整和升级是一个系统性的工程,需要跟随各个行业的发展进行变化,例如,在高职院校的行业分布中,劳动力主要分布在农业、服务业等方面,对于人员的调整,需要调整技术员与准专业之间的要求,在高职院校体系中,不能忽视这些具有独立性的职业群体。各类专业发展与产业结构的变化之间关系较为密切,在产业转型的过程中,也需要专业技术人才的努力,最终实现每个学校的特色发展,做到每个学生有良好的发展,建立起学生专业学习的良好格局。

在高职院校专业的基础建设过程中,要重视平台建设,瞄准各个产业之间的方向安排,在高职院校的建设中,专业涉及的领域较为广泛,涵盖了农业、工业和服务业等方面的内容。此外,还要在高职专业院校项目建设过程中,对高职院校的专业进行分类,面对当前的发展机遇,需要加快各项项目建设的步伐。在教育现代化建设过程中,要重视高职院校协同发挥作用,重视各个部门之间的合作,在经济发展过程中,要发挥社会的先导性、基础性和全局性的作用,优先发展综合性职业教育专业,在经济欠发达地区,尤其是要进行试点工程建设,尝试实验区教育改革,重视培养学生的实践能力,将学生培养成技能型人才。还可以与当地企业建立起密切的联系,重视电子信息与物流产业的合作与发展,同时重视开发新能源,加强生态环境的保护,在专业发展过程中,需要重视生态平衡,在促进经济发展的同时,还要重视社会效益,重视社会环境的发展,提高学生的主观能动性,培养学生的动手实践能力。

(二)提高专业的办学质量,增强办学活力

内涵专业建设是高职院校教育专业发展的重点,在高职院校专业内涵建设中,要利用好平台的优势,重视平台专业建设,必须建设起一批具有先导性的专业,作为教育领域的支撑。好的专业能够在一定程度上提升办学质量,能够在专业选择中实现精准的定位,能够在社会工作中巧妙地选择人才对技能的需求,能够在工作过程中将人才培养方案落到实处,将专业建设与人才培养方案真正地联系起来,建立起一套完整的人才培养方案。高职院校的生产和建设是一套系统工程,二者之间相辅相成,互相作为补充,在职业能力培养等方面,要重视开拓新的人才培养模式,同时重视高职院校建设的实际,进行专业设置建设,并根据传统产业进行转型和升级。在专业的发展过程中,需要深入企业行业等领域的发展,听取专业建设的建议,还需要建立专业的定位和人才培养目标,建立起专业课程体系。在铺设专业群建设过程中,还需要提高实习和实训基地的重要性,提高各个专业的办学比重,推进学历证书和教师资格证等制度的改革。

最后需要完善教学条件,在日常教学过程中,一定要重视教师队伍的建设。在此过程中,需要培养双师型人才,同时经过教师资格和师资考核等关键步骤,重视在企业中多加进行锻炼,在师德等方面进行考核,在教师培养方面,需要重视企业之间的合作,在教师岗位培

训过程中,需要建立起新的实践制度,建立起高尚的品德,做到爱岗敬业,提高教师的整体水平,从而建立起强大的教师队伍,重视派遣青年骨干教师到企业中学习,提高实践能力,重点选派专业技术人员进行校园活动的编排,还可以通过与企业的合作,聘请相关领域的专家到学校讲学,或担任兼职讲师。高职专业院校在专业群建设过程中,要重视教材和讲义的编排和组织,还要重视教学实施建设,重视设备的完整度和利用率,在满足日常教学需求的同时,还需要独自开发新实践教学设备,一方面是为了深化产学研相互合作的模式,另一方面是更好地以企业作为导向,将企业对人才的需求,作为人才培养的重点。同时还要重视现代化的教学手段,开设专业之外的课程,重视教学研究和教学改革,多加进行启发式、案例式教学,提高教学水平,提高教学效果。

(三)对专业结构进行调整,增加外延意义和提升空间

在高职院校的发展模式过程中,需要重视不同行业对人才的需求程度,重视社会对不同技术人才的追求,还要根据社会对人才的需求,建立起人才培养方案。高职院校在课程编排时,需要对课程中涉及的理论课和专业课做出一定的调整,重视培养学生的实践能力,在完成企业平台搭建的基础上,还要对企业的专业课程进行改造。作为高职院校的课程的选择者,需要在教学课程设计上重视不同专业的特点,发挥出不同专业的特色。

高职院校学生的培养需要一定的环境和空间,在这个过程中,除了按照院校的模式进行培养之外,还要开发一些新的空间和技能,按照学生对课程的要求和规定,根据学生对岗位的要求,实现学生与学校专业之间的联合。在教学环节中增加实践的内容,在教学的学期安排中,将实际教学操作教学训练纳入教学计划中,在教学过程中制订可行性强的教学计划和教学方案,并且形成以此为基础的考核方式和考核标准,从而培养专业技能和基础知识兼备的综合型人才。在学习过程中培养学生学习的主动性,在不同阶段培养学生独立学习的意识,克制学生的抵触情绪,从而形成良性的教学循环,培养适应社会生存发展的综合性人才。

(四)发挥专业带头人作用,促进专业建设的可持续发展

在专业人才的培养过程中,往往要在专业建设中选择出一个优势专业,重点发挥"领头羊"作用。在选择市场时,需要准确捕捉市场信息,在高职院校培养中,重视人才培养制度。在人才选择时,重视人才的选拔,通过公开竞争的方式进行年度考核。但是在实际操作过程中,难免会被一些规则束缚手脚,其实,随着时代的发展和社会的进步,我们完全有必要放开手脚,大胆进行改革,由此,才能够在真正的政策和实际工作中为学生办实事,在真正意义上帮助学生取得进步。在此期间,还需要提高高职院校对实践教学中高职教育工作的认识,通过变革人事和制度分配关系鼓励教师积极参与到职称评选中来,提高教师的地位,通过提升教师待遇水平的方式调动教师工作的积极性,发挥其主观能动性。最后,还需要高职院校在培养教师过程中,切实提高实践教学在高职教育工作中的地位和作业,通过人事的调整和聘用制度的调整改善教师的教学地位,从而更好地提高教师的积极性。

(五)发挥办学优势,打造特色、优势、品牌专业

高职高专院校精心打造自己的特色专业是长远发展的必由之路。立足地方实际,面向

市场、服务社会、因地制宜,充分发挥地区优势,充分发挥办学的经验和优势,紧密围绕所服务的行业、企业对技术技能型人才的实际需求。面对市场的变化和瞬息万变的市场环境,整个社会都面对着新的发展,要及时进行调整,面对新的社会形势,立足于当前的实际,利用人力、物力和财力的优势,把握好各个专业的优势体系和课程体系、师资队伍的建设为突破口,推进高职高专院校办学水平的不断提升。

(六)优化专业结构

近年来,高职院校在专业中有所调整,但是全面提高教育质量还有很长的路要走,应主动适应经济结构调整和产业转型升级。面对教育的发展,还需要在教学改革中适应新的形势,对专业结构进行调整,深化教育改革。通过宏观调控,召开高职院校会议,不断优化人才培养方案,进行专业结构的调整,对企业行业中的专业进行调整,同时兼顾冷门专业和产业结构的调整升级。

在此过程中,需要积极发展优势专业,利用其专业优势和特色,对专业进行改造,建立起具有特色的专业群。同时,实现学校与企业的结合,根据学生就业岗位的需求,设置提高学生基本素质和专业能力的课程,在教学环节中增加实践的内容,并且在教学的学期安排中,将实际操作教学训练纳入教学计划中,并且在教学过程中制订可行性强的教学计划和教学方案,形成以此为基础的考核方式和考核标准,从而培养专业技能和基础知识兼备的综合型人才。在学习过程中培养学生学习的主动性,在不同阶段培养学生独立学习的意识,克制学生的抵触情绪,从而形成良性的教学循环,培养适应社会生存发展的综合型人才。

(七)积极构建专业群

专业群的建设提出的时间较早,在专业群方面,一个就业前景好和具有强大的师资力量的专业需要将其作为重点的核心抓住,同时还可以沟通各个项目,将多个基础较为接近的专业组成一个学科。

首先,专业群的构建可以促进办学效益的提升,促进教学资源的有效利用和优化配置,实现优势资源的共享。其次,专业群有利于提升学校整体实力,有利于提高学校对外的声誉,有利于学生增强就业竞争力,有利于适应工作岗位需求。专业群建设虽然有很大的灵活性,但是在专业群建设中,很多教学功能都能够在此基础上进行发挥。高职院校学生的培养也需要专业群体建设的人员共同努力,在生产生活中,针对不同的工作内容,要有不同的方法进行建设,在此基础上挖掘出新的意义,开展新的教学方法,进行教学改革。

专业群建设的灵活性与适应性通过专业群的建设体现得淋漓尽致,在一定程度得到了增强。高职院校可根据市场对人才的需求,在短时间内灵活调整专业,更好地适应行业、企业发展和区域经济的需要。为了进一步实现专业群的整体发展,高职院校必须根据产业链的调整趋势、学校原有的优势专业核心,把基础相同或相近的多个专业的方向进行调整,才能更好地衍生和开发周边专业,最终实现专业群的整体发展。

在历史的发展过程中,教育是一个重要话题,也是人类关心的重要话题。教育是一个民族发展的重要方向,我们作为教育工作者,为了教育进行研究和奋斗都是重要的本职工作。高职教育专业又是重要的发展体系,也需要教育和学生之间的和谐统一。在学习的过程中,需要稳定地进行互动和交流,同时能够建立起教学合作的新模式,最终实现教育的培养和教学。

我们作为教育工作者,利用自己的优势,提高学生的积极性和主动性,从而提高学生的专业素质。在教育过程中,充分重视教育工作,提高学生的学习质量,帮助学生实现教育的规划和需求,实现学生与教师之间的和谐发展,共同进步。

第三章

高职专业群人才培养模式与课程体系

第一节 专业群人才培养模式探索与实践

专业群建设对当前我国高等职业教育人才培养模式产生了重要影响,重点体现在专业人才培养理念、人才培养思路和人才培养定位三个方面。

首先,突破人才培养理念。基于专业群的人才培养模式强调专业群与产业群的融合发展,多专业及单一专业方向的融合,教、学、训的融合,"1+X"证书的融合,为学生的职业能力成长提供更宽口径的学习环境。其中与产业群的融合、多专业及单一专业方向的融合更是传统意义上的单体专业难以实现的。

其次,突破专业人才培养思路。传统意义上的单体专业人才培养以服务某个单一职业领域的部分职业岗位为基础,通过对用人市场和行业、企业进行调研,形成本专业对应的培养目标、人才输出规格、课程架构、教学布置、专业课程及教学具体要求、专业教师需求、实训条件需求、实施计划等。而专业群人才培养以服务产业群的职业链和职业岗位群为目标,为行业群提供人才,基于整个专业群的专业设置与架构,把专业群内所有专业资源整合在一起,形成一个同频共振的整体,在充分市场调研的基础上,对多方面进行全方位重新整合,突破了单一专业思维的局限性,立足于集群的层面,有利于资源更加合理分布,实现"1+1>2"的资源聚集效果,提高学校专业群影响力及人才培养质量。

最后,人才培养定位的突破。传统专业人才培养定位通常仅立足于本专业所覆盖和对应的工作岗位的需求,考虑面较窄。而专业群人才培养定位要宽很多,必须考虑整个群覆盖的职业链和岗位群,强调更宽的知识基础、更多专业复合技能,更关注学生职业迁移能力的培养,以求让毕业生具备更强的适应性,满足行业和企业对应用型技术人才多变的需求,尤其是对复合型技术人才的需求。

"中国制造2025"背景下专业群人才培养模式被继承、完善和创新,形成了多种培养新模式,主要有以下几种。

一、"双元制"模式

"双元制"是源于德国的一种职业培训模式,所谓双元是指职业培训要求参加培训的人员必须经过两个场所的培训;一个是职业学校,其主要职能是传授与职业有关的专业知识;另一个是企业或公共事业单位等校外实训场所,其主要职能是让学生在企业里接受职业技能方面的专业培训。"双元制"模式是德国职业教育的典型模式,也是德国制造业长盛不衰的重要基础。其核心就是让优秀的、有社会责任感和行业影响力的企业深度参与职业教育,形成校企双元育人。

职业教育的性质与使命决定了高职院校必须走校企合作、产教融合的发展路径。《国家职业教育改革实施方案》明确规定:"借鉴'双元制'等模式,总结现代学徒制和企业新型学徒制试点经验,校企共同研究制订人才培养方案,及时将新技术、新工艺、新规范纳入教学标准和教学内容,强化学生实习实训。"

我国职业教育关于"双元制"的学习借鉴已经进行了很长一段时间,取得了一些可喜的成就。职业院校对于校企合作的需求和热情是非常高的,国家对于职业院校的评价也将校企合作水平作为重要依据。《国家职业教育改革实施方案》提出,要在接下来几年打造职业教育"校企命运共同体",更加强调企业在职业教育中的主体作用,强化企业在职业教育中的投入与产出,真正实现双元共赢,促进职业教育的高质量发展。具体到实践操作,基于专业群的"校企命运共同体",应该从以下几个方面实现"共同性"。

(一)推进学生、员工身份的"共同体"试点

学生是职业教育的核心,"双元制"育人首先应实现学生、员工的双重身份,学校应与企业共同制订招生方案,实现招生即招工、入校即入厂,学校与企业成为招生"共同体"。

1. 计划对接

校企共同制订招生和招工计划,确保学生订单培养的比例,也保证学生符合企业需求。现在中、高职连通渠道越来越畅通,有专业基础的学生比例越来越大,这是很多企业所乐见其成的;部分企业对学生的文理科有较明确的要求,应提前与职业院校沟通一致;部分企业招工具有明显的本地特征,这是因为外地学生毕业流失比例较大,降低了企业培养成效。

2. 时间对接

校企共同开展招生招工工作,学生培养需要企业与学校共同协作,需要合理安排双方档期,尽量实现学生正式录取时,其双重身份就已确定。企业的用人需求与学校的培养周期匹配一致。

3. 协议对接

学生在填报志愿时,学校与企业应通过有效途径告知学生培养形式,形成要约邀请,录取过程中,按照双向选择原则,学生、监护人、职业学校和企业共同签订四方协议,明确各方权益及在校、在企的相关权益和义务。

(二)人才培养体系制订"共同体"

1. 共同设计方案

校企双方以"工学结合"为基本切入点,共同制订专业群人才培养方案,按照专业设置对接岗位需求,专业课程对接生产工艺的要求制定课程体系。

2. 共同制订标准

培养企业所需的专业人才是职业教育的基本任务,因此按照企业标准制订人才培养标准非常重要。按照"双元一体"原则,校企共同制订人才培养规格、毕业标准、课程标准、技能标准、实训标准、兼职教师标准,与企业具体工作形成精准对接。

3. 共同开发教材

根据企业质量标准、岗位标准,"校企命运共同体"一起开发对接岗位工作内容、融入国家职业资格标准"1+X"的专业教学内容和教材。

4. 共推模式改革

"校企命运共同体"共建、共管、共育,企业深入参与职业教育各个环节,共同推动职业教育的模式改革,企业不仅是职业教育的服务对象,更是职业教育的办学主体。企业从人力、

物力、财力等方面加大投入,也通过恰当的方式分享职业教育发展带来的红利。

(三)建设校企双重身份师资队伍

1. 双向挂职

学校聘请企业兼职教师担任专业课程、实训课程、实习课程等的教学,形成师徒结对,带动院校青年教师专业技能进步与发展。学校应从制度上落实专业教师进企业进行顶岗实习的制度,从政策、职称评审、岗位评定等环节,明确顶岗实习的"基本条件"要求。

2. 横向联合

校企双方通过搭建研发中心工作站、创建工作室等方式,支持师生进行创业。校企双方可以充分取长补短,开展横向合作,实实在在创造生产价值。

3. 双导师制

在校内实训、毕业实习等教学环节实行双导师制,即师傅和教师的双元培养、联合指导。其中专业见习、阶段实习、顶岗实习应由企业委派的师傅与学校教师共同进行指导,校内实训、校内生产性实习都应由学校聘请企业师傅联合学校教师进行全程指导,有效提高教学和生产过程的针对性,应在实训任务制订、学生成绩评定等方面,强化企业师傅的权威性。

(四)构建"校企命运共同体"协同育人"三互"机制

1. 校企互联

由学校、企业组成"校企命运共同体",成立共同体委员会,在委员会的指导下,共同制定相关制度,维护双方利益。

2. 校企互动

由企业、学校双方共同建立互动模式,在双元管理、共同招生、联合教育、多方评价、成本分担、资源共享等方面充分发挥互动作用,校企互动为"校企命运共同体"提供动力来源。

3. 校企互评

应制定"校企命运共同体"内部评价体系,企业对学校专业群办学成效进行评估,学校对企业的资金力度、设备支持、人员配备等方面进行评估,协商解决问题,查明问题原因,提高"校企命运共同体"育人质量。校企互评为"校企命运共同体"育人提供可靠质量保证。

(五)建立"校企命运共同体"管理制度

建立 PDCA 质量监控机制,实行"校企命运共同体"教学质量管理和质量控制体系。"校企命运共同体"管理中的 P 阶段即计划制订阶段。"校企命运共同体"共同制订"双招一体"实施计划,共同制订人才培养方案、教学体系、评价标准、学分银行制度及毕业标准。

"校企命运共同体"管理中的 D 阶段即实施阶段。计划、方案、标准制定之后,应由"校企命运共同体"委员会审核通过,进入实施阶段。实施阶段中要明确行动方案的部署和交底,落实各方责任,做到"面上推进,点上突破",确保过程质量全面监测,数据信息准确可靠。

"校企命运共同体"管理中的 C 阶段即检查阶段。检查方式包括院校自检、企业自检、企校互检、第三方评价等,检查的内容包括计划、方案执行情况,执行结果,未执行的主要原因。

"校企命运共同体"管理中的 A 阶段即处置阶段。处置主要包括纠偏和预防,通过处置手段,重点解决实施方案中出现的进度误差、质量问题等;通过预防性手段,将实施方案中出现的误差和质量信息数据反馈给委员会、学校、企业等相关管理部门,分析问题原因,落实改进措施,并为后阶段的校企合作提供借鉴与参考。

二、"订单式"人才培养

(一)"订单式"人才培养的内涵

"订单式"人才培养的概念是伴随着知识经济时代的到来而兴起的。在这个时期里,顾客(企业)群体期望从生产者(职业院校)那里得到非大众化的、独特的、有针对性的产品与服务(毕业生),传统的批量化生产的方式不再适合市场需求。因此,按照顾客(企业)的个性化需求进行生产(教学),及时、机动、有针对性地调整产品与服务供应的模式,即"订单式"生产模式开始逐步形成。"订单式"人才培养模式是一种新型的职业教育人才培养模式,以企业需求为导向,学校、企业、学生三方通过协商,在平等自愿、互惠互利的基础上共同签订三方协议,校企共同制订人才培养方案,企业深度参与人才培养过程,学校按照企业要求进行人才培养,学生按照三方协议约定到企业进行实习、实训、就业的合作办学模式。

"订单式"人才培养是一项复杂的系统工程,与国家职业教育发展导向、企业人力资源配置、学校办学定位以及家长和学生本人的就业期望等诸多因素相关联,主要体现在以下方面:第一,在人才培养过程中,企业全程参与,与院校紧密合作。以国家教育政策方针为引导,依据企业所需人才标准以及学校办学特点,校企双方一起制订人才培养规格标准、人才培养计划和课程体系,共同参与学生的学习、实训、评优、日常管理、技能培训、实习、就业、师资交流等全过程。第二,科学管理,相对灵活地安排教学内容。按照企业需要将企业文化、管理模式、管理理念、岗位特点、岗位基本技能等内容融入教学各个环节,学生既能学习专业理论知识,又能掌握企业所需基本技能,为顺利进入企业工作岗位打下坚实的基础。第三,"订单式"人才培养可充分整合各方教育资源,实现资源优势互补。为确保人才培养质量,使学生毕业后真正符合合作企业岗位要求,校企双方必然会加强师资交流、信息沟通、环境互换,教学场所、设施与企业生产场所、设备的融合。因此,"订单式"人才培养模式能更充分整合职业教育资源,实现教育资源的更优使用。

(二)"订单式"人才培养原则

无规矩不成方圆,职业教育是一种投入时间长、见效相对较慢的行为,只有遵循一定的原则才能取得理想成效,"订单式"人才培养必须遵循以下基本原则,才能实现多方共赢的效果。

1.平等、诚信原则

传统意义上的平等是指公民在社会、法律、经济、政治等方面享有相同的权利和应尽的义务;诚信则是指人在社会交往中真诚、讲信誉、不欺诈、不撒谎,遵守做出的承诺。"订单式"人才培养关系到教育管理部门、学校、企业、家长、学生等多个方面,其中学校、企业和学生必须签订的三方培养协议,应是在三方自愿的基础上签订,三方拥有平等的地位,在协议实施的过程中三方都要坚守平等、诚信原则。对职业院校来说,主要任务是依据三方协议按照教育教学规律和企业需求来培养学生,为企业发展提供所需要人才;对企业来说,必须投入资金和设施,深度参与学校人才培养过程,最终收获企业发展所需的人力资源;对学生来说,在学校和企业的共同教育培养下学会本领、完成学业、为企业服务,回报社会。三方中任何一方的违约都会导致订单培养过程的失败。所以平等、诚信是"订单式"人才培养的首要原则,也是培养成功的先决条件。

2. 互惠共赢原则

互惠共赢是指合作各方共同受益、各方都达到预期目标。互惠共赢既是各方合作的出发点,也是各方合作的落脚点,即终极目标。实施"订单式"人才培养模式,学校需要向学生传授企业岗位所需的理论、知识,使学生全面发展,全面提升学生综合素养;企业需利用自身优势条件,向学生输入企业文化、管理理念,按照培养计划指导学生的实践操作技能。毕业时,学生按协议进入企业工作,无须专门组织招聘、岗前培训,就能直接上岗,大大缩减了企业的培训成本。学校有效解决了学生的就业率及对口就业等问题,减轻了就业压力,还能获得企业的各方资源投入。学生学到了一线工作必备的技能,又减少了到处投简历、找工作的麻烦,使学生及家长满意。因此"订单式"人才培养模式可以实现企业、学校、学生及学生家长多方互惠共赢的目标。

3. 企业需求导向原则

企业的需求是开展"订单式"人才培养工作的首要条件与支撑。职业院校人才培养应始终坚持以企业需求为导向,进行深入的内部调研和市场调查,了解、掌握企业对人才的素养、知识、能力、职业道德、技术技能等方面的要求,区别相同行业不同企业对人才需求的细微差异,寻找校企双方合作的利益点,以此制订详尽、切实、科学、可行的"订单式"人才培养方案。

4. 互动、协作原则

"订单式"人才培养是一个动态的系统过程,需要多方进行协作,在此过程中,各方都要充分发挥自身优势,加强互动与协作,以达到订单教育的目标。企业要与职业院校共同协商制订人才培养方案、课程体系、学生实习与就业指导等,深度参与人才培养全过程,而不仅仅是签订协议,投入资金,赠送设施那么简单。职业院校要充分发挥自身优势,深入研究教育教学规律,及时跟踪市场需求,为企业培养综合素养高、理论功底强、岗位技能熟的员工,为企业发展提供人才保障;"订单式"培养的学生应积极配合学校和企业安排,服从管理,认真学习相关理论知识,熟练掌握专业岗位技能,为进入企业正式工作做好准备。总之,"订单式"培养所涉及的三方要加强协作,充分发挥各方优势、克服不足,加强互动,优势互补,切实履行协议规定的各项义务。

5. 人才培养策略符合企业发展战略的原则

企业发展战略是企业设立远景目标并对实现目标的途径方法进行的总体性、指导性谋划,属于企业宏观管理的范畴,具有超前性、全局性、长远性、指导性、竞争性、系统性等特点。一般来说,企业战略可以划分为三个层次:总体战略、经营单位战略和部门战略。其中,经营单位战略和部门战略为总体战略服务,受总体战略的制约。在"订单式"人才培养过程中,人才培养的目标应符合企业发展的战略；课程体系设置应与企业岗位要求相适应，将企业文化、企业管理制度融入日常教学之中，可以聘请企业的管理人员来学校担任兼课教师；实践技能应与企业具体岗位技能要求相适应，总之，"订单式"人才培养过程中要坚持人才培养目标和企业发展战略相统一的原则。

三、现代学徒制培养模式

所谓现代学徒制是相对于"传统学徒制"而言的，是20世纪中期以后在西方国家逐步发展和完善起来的一种职业教育人才培养模式。由政府指导和统筹，将传统学徒制与制度化职业教育进行结合，职业院校与企业展开深度协作，共同培养符合现代职场要求的人才。现代学徒制强调理论学习和实践训练的紧密结合，注重学生的实践技能培养，对于我国现代职业人才培养具有重要的借鉴意义。如何将现代学徒制与国家战略的人才需求结合起来，促进我国职业教育优质发展，为"中国制造2025"战略实施培养优秀的制造人才，是一个极有研究价值的课题。

与传统的人才培养不同，现代学徒制人才培养模式是基于"中国制造2025"提出来的，且符合制造业大国对应用技术人才的需求。

（一）培养主体需多元协作参与

一直以来高等教育都是职场人才培养的主体，职业教育是与普通高等教育不同的教育类型，是高等教育的"半壁江山"。政府和企业作为教育的管理者和需求方，在一定程度上引导人才培养方向和职业教育发展规划。在传统的职业教育模式中，职业院校、政府、企业在人才培养的沟通及互动方式上，以政府的宏观制度、企业的用人标准为指导和参考，政府和企业一般不会参与职业院校的具体人才培养过程。而现代学徒制正在尝试改变这一传统，把政府和企业吸引到职业院校人才培养的过程中来，政府、职业院校和企业三方共同培养人才，人才的培养主体由一元转变为多元。换句话说，现代学徒制人才培养模式需要政府、职业院校和企业三方协作开展。在现代学徒制人才培养过程中，职业院校和企业深度合作，分工协作实施教学计划，其中理论教学任务主要由职业院校完成，实践教学过程主要在企业完成，政府教育主管部门作为二者的调和者，以落实相关政策、制度参与其中，为现代学徒制人才培养顺利实施提供制度保障。

（二）培养过程需校企深度协作

校企合作已经成为职业教育人才培养的最重要途径之一，职业院校的实习实训一般采取校内实训与企业实习相结合的方式。现代学徒制职业教育人才培养模式脱胎于传统的学徒制，其"现代性"的重要特征之一就是将正规教育与学徒制进行组合，承认企业的学徒制与学校正规教育具有同等地位，为企业学徒提供继续接受正规学校教育的途径。在现代学徒制职业教育人才培养模式中，企业积极参与到职业教育人才培养的各个环节中去。由于现代学徒制职业教育人才培养模式培养的学生就业率高，职业适应能力较强，因此成为学校的闪亮"名片"。

（三）以职业能力为中心

现代学徒制既从机制体制上对工学结合校企合作人才培养体系进行了改革，也将人文素养、职业素养的养成贯穿于复合型技术技能人才培养的全过程，这是现代学徒制与传统学徒制的最大区别，也是传统职业院校人才培养体系所无法实现的。现代学徒制融合了传统的企业学徒制和传统职业院校校企合作人才培养模式的优点，重新界定了职业人才能力要求和内涵。在现代学徒制人才培养模式中，职业人才能力包括专业理论素养、专业实践技能和职业道德三个方面，三者共同形成学生的职业适应能力，着重培养学生的实践技能和职业道德，在培养过程中使学生产生职业适应能力，解决了学生就业困难的问题，为学生面对频繁更替的工作岗位提前储备足够的适应能力。

（四）以政策为突破口

"中国制造2025"是国家的重要发展战略，职业教育人才培养质量提升是国家战略实现的重要基础，因此，政府应该是人才培养模式改革的最坚定的引导者和支持者。政府并不直接参与人才培养，为了有效提升人才培养质量，政府通过制定相应政策支撑学校的人才培养改革。政府是现代学徒制人才培养模式改革的受益主体，应充分发挥自身主导作用，为校企合作营造良好的环境，通过绘制蓝图进行统筹规划，通过制定政策协调各方利益，为校企双方在人才培养过程中实现双赢保驾护航。从某种意义上来说，政策引领是学校、企业合作困境的重要突破口，是现代学徒制人才培养模式改革顺利实施的关键。政府对职业教育现代学徒制人才培养模式改革中的顶层设计具有重要的保障作用，因此，政府及教育行政主管部门要加快现代学徒制的立法，保障各方的正当权益。同时也需要以政策为调节手段，为优质企业参加职业教育现代学徒制人才培养增加动力，如在税收等方面给予支持，还要不断加大财政投入，重点支持"中国制造2025"战略所需要的技术人才，为我国制造业的快速发展提供人才保障。

四、融合网络新时代人才培养模式

在当今这个"云物大智"蓬勃发展的时代，云计算、物联网、大数据、智慧城市正在越来越深远地影响我们的生活及生产方式。网络技术及平台的广泛推广对传统产业产生了巨大的冲击，极大地加快了传统产业转型升级的速度，并且催生了一大批新型的经济体。现代职场对人才的素质要求越来越高，高等职业教育必须主动迎合时代发展需要，培养更加符合网络新时代的人才。首先，针对正在转型升级过程中的传统产业，要培养适应其发展的复合型技术技能人才；其次，面对被网络新时代催生的新兴产业，职业院校需应势而动，对专业群人才培养层次和结构进行动态调整，为新兴业态的发展提供高水平技术技能人才。总之，职业院校要为网络新时代做好充分的准备，打破封闭的职业教育人才培养藩篱。高职院校人才培养模式是指在先进的教育理念指导下，以培养适应社会生产发展所需的高水平技术技能型人才为目标而采取的一系列教育组织形式，具体包括人才培养方案、人才培养理念、专业（群）设置、课程体系、教学内容与方法、实训体系、人才培养质量评价体系等内容。在网络新时代背景下,创新高水平技术技能型人才培养模式就是在遵循现代高等职业教育发展客观规律的基础上,网络新时代思维方式及工具嵌入高水平技术技能型人才培养的全过程,充分利用互联网技术实现教育资源的优化配置,推动高等职业教育创新发展,为当今网络化、信息化时代提供充足的高水平复合型技术技能人才。

（一）培养网络新时代思维

高职院校在高水平复合型技术技能人才培养过程中,要切实尊重职业教育人才成长和发展的客观规律,培养网络新时代教育发展思维,紧密围绕高职院校复合型技术技能人才培养目标,主动对接互联网发展需求。同时,高职院校应当以学生的全面发展为核心,科学树立网络新时代人才培养理念,在复合型技术技能人才培养过程中充分运用和依靠互联网技术,在网络新时代的发展大潮中占据主动权。在网络新时代发展趋势下,高职院校应妥善处理教育改革与产业发展的关系,积极与政府、行业、企业、社会组织等外部主体建立可靠的战略合作关系,充分整合内外资源,共同为复合型技术技能人才培养服务。在网络新时代社会发展背景下,高职院校需加强网络信息基础设施建设,通过多种方法提升师资队伍的信息化素养和网络教学能力,构建体系完备的网络教学平台,促进复合型技术技能人才培养和管理信息化。与此同时,应充分利用大数据平台,对学生的行为特点、偏好和学习习惯等进行全面的记录和"画像",全面掌握学生的行为特点和个性差异,使高职院校在复合型技术技能人才培养过程中,能够更有针对性地改进教学内容、方法和过程,对学生进行个性化教学和指导,从而真正实现因材施教。

（二）构建新型师生关系

在网络新时代背景下,高职院校开展复合型技术技能人才培养应"以学生为中心",强调学生在教育过程中的主体地位,以培养学生的创新精神、创业能力和塑造学生良好的职业素养为目的。传统教育方式以教师为主体,进行知识传授和课堂灌输,学生被动地听课和接受知识,而网络新时代职业教育的发展使得职业教育需求与传统教育产生了背离。在传统教育模式下,教师在教育过程中承担着"传道、授业、解惑"的主要职责,但是,随着信息技术的快速发展,网络新时代对职业教育教师提出了新的要求,一些新型的教育模式,如大规模在线教育(MOOC)、职业教育资源库、微课、直播课、翻转课堂等不断推陈出新,一定程度上弱化了教师的"传道"和"授业"基本职能,更加侧重于发挥教师的"解惑"职能,此外还增加了"激趣"职能,人才培养过程中更加注重激发学生的自主学习的兴趣。从我国高职院校的人才培养的实际情况来看,单纯的知识灌输为主的教学方法已经不再适应互联网时代对高水平复合型技术技能人才培养的需要,改革传统教学模式、构建职业教育过程中新型师生关系迫在眉睫。

第一,教师需转变教育教学观念,主动构建与学生互利共生的新型职业教育师生关系。根据学生的个性特点,依托信息化平台和手段实施差异化教学,真正实现因材施教。此外,教师还要切实转变知识灌输者的角色,充分运用网络新时代平台、工具与学生形成更顺畅的沟通,促进互联网教学与传统教学的融合,成为学生培养过程中的参与者、合作者、引导者和服务者。

第二，革新教育组织形式。在网络新时代，高等职业教育教学已经呈现出一种信息化、多元化、开放化的发展趋势，且这种趋势越来越明显。学生是"互联网的原住民"，学生比教师更加愿意接受网络新时代教育形式。网络新时代的出现使得学生的个性化、定制化、分散化学习需求成为现实，这种基于信息化平台的自主学习模式，打破了传统的以行政班级为授课单位的课堂组织形式。为了顺应时代发展趋势，高职院校应加快教育形式改革，推动复合型技术技能人才培养向个性化、开放化和多元化发展。

第三，推动高职院校教学方法改革。恰当的方法是实现高效目标的重要保证，教育方法的灵活运用则是保障高职院校教学目标实现的关键，直接影响着高水平复合型技术技能人才培养的质量和水平。在网络新时代背景下，加快推进高职院校教学方法的变革刻不容缓。依托职业教育资源库、精品课程、慕课等网络新时代平台和工具，可充分实现互联网技术与教学方法的融合。

（三）构建动态化、信息化的课程体系

为了适应信息时代发展对复合型技术技能人才的需求，高职院校需加快对传统课程体系的升级，充分利用网络新时代信息平台和手段，整合高职院校现有的教学资源，将互联网技术融入现代职业教育课程体系中来，打造信息化的课程体系，促进高等职业教育课程体系与产业信息化升级的需求顺利对接。以"宽口径、厚基础"的专业课程建设为基础，强化基础理论课程与实践操作课程的比例。高职院校课程体系构建不能完全拘泥于传统的纯专业（群）知识传授，还应注重专业群内不同学科课程之间的交叉和渗透部分，在提升学生专业素质与操作技能的基础上，拓宽其思维和视野，增强其岗位适应能力。同时，为了顺应网络新时代教育的总体发展趋势，高职院校应着重提升学生的自主在线学习能力，适当增加在线课程的比例和数量，拓宽通识课程的使用广度，提高专业网络课程的适用性，满足不同学生的个性化需求，最大化地发挥互联网课程在复合型技术技能人才培养中的作用。

在职业院校实践教学课程建设方面，应充分借助现代信息化手段，解决学生实践操作"看不见、摸不着、难再现"等问题。利用虚拟现实、仿真操作等方式，为学生创造沉浸式虚拟操作环节，减少学生实习成本，也防止部分专业的实习危险和职业病的发生。利用信息手段进行实践课程学习，还能有效减少耗材的使用，实现一次投入、多次使用、全国通用的目标。利用信息化手段进行实践操作还能及时收集学生操作信息，能有针对性地改进学生操作过程，快速提高实践操作水平。

（四）构建多维评价体系

教育评价是高职院校人才培养模式的重要组成部分，是确保高职教育改革成功的关键。在传统的教育评价方式中，教师对学生的评价是最常见的评价方式之一，教师通常根据学生的考试成绩或平时表现，对学生的学习行为进行赋分和评价，而这种评价往往具有较强的主观性，评价结果不全面，特别是"互联网＋"时代的到来，学习平台和学习途径日趋丰富，教师在很多教学环节中没有与学生面对面，对学生的学习状况不熟悉，评价具备一定的局限性。

在"互联网+"快速发展的新背景下,学习平台的评价方式也日趋完善,大多数平台具备自动评分、记录学习轨迹、记录平台互动次数等功能,这些信息化手段可以为教师评价提供相对较为完整的数据链,为学生评价提供依据。

学生通过信息化平台也可以对教师、院系、学校进行评价,这也有助于学校和教师及时调整教学策略,完善相关管理制度。政府和教育行政主管部门有了更多的信息收集途径,可以为制定政策和相关决策提供重要参考。

第二节 专业群课程体系建设

一、"中国制造2025"对高职课程体系的要求

课程体系是专业群人才培养的核心,课程是实现人才培养目标的第一手段。按照课程内容对接岗位标准的要求,对照"中国制造2025"的要求,设计相应的课程体系。"中国制造2025"包括五大工程:制造业创新中心(工业技术研究基地)建设工程、智能制造工程、工业强基工程、绿色制造工程、高端装备创新工程。制造类专业群人才培养课程体系应在先进的教育理念引领下,为实现制造业急需的复合型技术技能人才培养目标,对照制造业所需的岗位要求制定专业群课程体系,并通过理论、实践等形式组织实施,主要包括课程目标、课程结构、课程实施、课程评价等内容。

(一)"中国制造2025"高职课程体系的具体要求

"中国制造2025"对高职人才培养课程体系的具体要求是由制造业岗位需求所决定的。在某专业群制定人才培养课程体系时,应对其所对应的岗位进行深度剖析,将岗位所需的理论要求、专业技能要求、职业素养要求、职业道德要求等进行整理,依据岗位的要求制定课程体系,岗位需要什么样的能力,就制定什么样的课程,岗位已经不需要的能力,相应地减少课程,实行动态化的调整。

1. 要使学生拥有过硬的实践技能

"中国制造2025"要求制造人才掌握扎实的实践操作技能,会使用先进的工具,具备扎实的信息化操作能力。专业群人才培养课程体系需注重实践操作能力的培养,强化实训课程的比例。通过校企合作、现代学徒制等方式组织学生进行实习实训,系统化地提高学生的实践技能,为学生进入工作岗位打下坚实的基础。

2. 要使学生养成良好的职业素养

良好的职业素养既是学生职业生涯的重要保障,也是中国制造的品质保障。学生进入制造业相关的企业,就成为具体制造任务的执行者,其执行能力和素质水平与任务完成情况息息相关。专业群课程体系设置应配置一定的职业素养相关课程,注重"课程思政"与"思政课程"的结合,培养学生积极、健康、乐观、向上的职业品质,为走向工作岗位做好思想准备。

3. 要使学生具备较强的创新能力

现代社会变革越来越快,制造技术的发展更是日新月异,高职的课程具备一定的滞后性,学生进入工作岗位后往往会发现所学技能和方法在企业已经被淘汰。高职学生从入学到毕业需要三年的时间,如要进行深造则需要更长的时间。所以在职业教育课程体系中,课程内容与岗位要求完整对接是不现实的,因此需要积极培养学生的创新能力,使得学生具备较强的岗位创新能力和适应能力,即使所学与所需有着一些差别,也能顺利地适应岗位。

4. 要使学生具有良好的可持续发展能力

中国制造业的发展是一个长期的过程,学生的职业生涯也非常漫长,我们既要解决学生一次性就业率的问题,也要充分考虑学生的长远发展。课程体系的设置不能只顾眼前,局限于短期利益,更要考虑学生的职业发展规律,设置的课程体系需要充分考虑学生全面发展的需求。高职教育对于很多学生来说,是最后一次系统的在校学习过程,因此职业院校有义务充分考虑学生的可持续发展能力,构建有益于学生一辈子的课程体系。

(二)"中国制造2025"背景下,专业群课程体系的建设要点

1. 完善教育教学相关标准

发挥教育教学标准在职业教育质量提升中的基础性作用。无规矩不成方圆,专业群建设是一个复杂的系统工程,各地各校情况不一,但职业教育的出口市场是有着客观要求的,建立分级标准体系,用以指导专业群人才培养,可以有效确保人才培养质量。各专业标准包括专业名称、入学要求、基本修业年限、职业面向、培养目标、培养规格、教学基本条件、质量保障等内容。各地各校各专业(群)应在此基础上,依据自身情况,制定更加细化、具体的建设专业标准,充分发挥标准的基础性作用。

按照专业设置与产业需求对接、课程内容与职业标准对接、教学过程与生产过程对接的要求,完善中等、高等职业学校设置标准,规范职业院校设置;实施教师和校长专业标准,提升职业院校教学管理和教学实践能力。持续更新并推进专业目录、专业教学标准、课程标准、顶岗实习标准、实训条件建设标准(仪器设备配备规范)建设和在职业院校落地实施。巩固和发展国务院教育行政部门联合行业制定国家教学标准,职业院校依据标准自主制订人才培养方案的工作格局。

2. 开展高质量职业培训

落实职业院校实施学历教育与培训并举的法定职责,按照育训结合、长短结合、内外结合的要求,面向在校学生和全体社会成员开展职业培训。围绕现代农业、先进制造业、现代服务业、战略性新兴产业,推动职业院校在技术技能人才紧缺的十个领域大力开展职业培训。引导行业企业深度参与技术技能人才培养培训,促进职业院校加强专业建设、深化课程改革、增强实训内容、提高师资水平,全面提升教育教学质量。各级政府要积极支持职业培训,行政部门要简政放权并履行好监管职责,相关下属机构要优化服务,对于违规收取费用的问题要严肃处理。畅通技术技能人才职业发展通道,鼓励其持续获得适应经济社会发展需要的职业培训证书,引导和支持企业等用人单位落实相关待遇。对取得职业技能等级证

书的离校未就业毕业生,按规定落实职业培训补贴政策。

3.实现学习成果的认定、积累和转换

加快推进职业教育的国家学分银行建设,探索建立职业教育个人学习账号,实现学习成果可追溯、可查询、可转换。有序开展学历证书和职业技能等级证书所体现的学习成果的认定、积累和转换,为技术技能人才持续成长拓宽通道。职业院校对取得若干职业技能等级证书的社会成员,支持其根据证书等级和类别免修部分课程,在完成规定内容的学习后依法依规取得学历证书。对接受职业院校学历教育并取得毕业证书的学生,在参加相应的职业技能等级证书考试时,可免试部分内容。

二、专业群课程体系建设

专业群课程体系是实现人才培养目标最重要的手段,在"中国制造2025"以及信息化时代背景下,专业群课程体系应做到对接产业、体系完备、及时更新。具体来说,应从动态化、柔性化、特色化三个方面构建"中国制造2025"背景下的专业群课程体系。

(一)基于动态化构建专业群课程体系

1.与区域产业转型升级动态对接

《国家职业教育改革实施方案》明确要求:"专业设置与产业需求对接、课程内容与职业标准对接、教学过程与生产过程对接。"高等职业教育肩负着培养制造产业所需复合型技术技能人才的重任。但随着我国"2025中国制造"战略的提出以及经济的快速发展,制造产业结构不断转型升级,高职院校人才培养目标与制造行业、企业的人才需求差距越来越大,这主要反映在产业范围、岗位调整、职业水平等方面。

高职院校应对接产业链需求构建专业群,相应的课程体系设置应该以解决产业链中岗位的能力、素养要求为目的。在课程设置方面,高职院校制造类专业群应以"底层共享、中层分立、高层拓展"为基本思路。围绕专业的共同点建设底层专业群共享课程,在专业群内集中优势资源将基础筑牢;专业群内各个专业应该有自己的专业课程,这些课程应该是各个专业的核心课程,即"中层分立";"高层拓展"主要是各种专业方向课和选修课,这些课程一般属于行业"小众"需求的课程,这种课程数量不用太多,但需要照顾到群内各个专业。"底层共享"强调专业群共同基础,主要学习通用技能和基础理论;"中层分立"要实现不同专业核心技能的培养要求,包括专业理论课程和专业实训课程;"高层拓展"要保证各个专业方向的专项技能、岗位迁移的可能性、可持续发展能力、拓展学习能力的培养。"共享、分立、拓展"的平台式课程体系既凸显专业群的集群优势,便于集中精力组织核心课程,也可以统一配置、共享各种师资、实训、设备、场地资源。

2.根据专业定位变化进行动态调整

制造业产业链竞争激烈,产业转型升级时刻都在发生,高职院校的课程体系应该根据产业链岗位的变化而进行动态调整。专业定位是构建专业群人才培养方案课程体系的基础,依据专业群的共性部分和专业特性发展设置专业群共享课。专业群共享课应具有较大的适应性,应该强调专业群的交集部分。如果一个专业群内的专业越多,所有专业共有的交集就会越小,这可能导致专业群共享的减少,这种减少其实并不可怕,反而需要集中精力把这小部分的课程做成精品课程,做成核心课程。而这部分课程不足以解决的"溢出"部分,可以在专业课程中进行解决。

专业群定位要根据地区、产业链发展状况,往届毕业生就业情况,产业链技术领域和职业岗位(群)的变化而进行动态调整。通过专业(群)调研发现目前产业链最紧缺的人才类型和规格有什么特点,用可靠的数学模型推演3～5年后的人才需求和就业形势,据此来进行课程体系的动态调整。

3. 与人才培养目标提升动态匹配

专业群人才培养目标是构建专业群课程体系的纲领。人才培养目标包括知识、应用能力、解决问题的能力、职业道德、创新创业能力、人际交往能力、逆境中的抗压能力、吃苦耐劳的能力等。用人单位一直追求更高标准的人才输入,这就要求职业院校专业群始终保持高水平的人才培养模式。制造业专业技术的更新换代也会使人才的需求情况产生较大的变动,今天可能还是热门的专业和紧俏的人才,随着新技术的产生和人工智能的应用,明天这种人才就可能被产业所淘汰。所以说,专业群人才培养需要时刻紧跟产业链人才需求目标,动态调整专业群人才培养课程体系,让学生储备充足的知识、素养技能,为学生走向职场打下坚实的基础。

(二)基于柔性化协调专业群课程体系

1. 柔性对接职业能力

专业群的课程体系开发是以专业群课程平台为依托进行开发和构建的,主要包括底层共享的专业群课程、中层分立专业群课程、高层专业群互选课程及跨专业综合实训三个层次,不但可以强化学生的职业能力,也充分考虑增强学生迁移岗位的能力。高职院校专业群课程体系初步形成后,还要通过调研、归纳、排序等程序进行完善,依据校内教学资源的配置,对专业群课程进行准确定位,开发群内各个专业及专业方向的课程体系。

第一,课程定位。课程定位包括岗位、任务和能力三个层面。首先需要通过专业(群)调研,确定该专业(群)人才培养的目标、规格、就业岗位,聘请行业协会、企业及其他院校专家召开研讨会,分析岗位工作任务特征,明确完成岗位任务所需的职业能力。

第二,依据职业能力分析表,总结、归纳专业群内各个专业的通用基础能力和共同专业理论,分离出各个专业的专项能力以及拓展能力。

第三,在专业群课程体系下,对照岗位职业能力,初步形成各个专业的课程体系。一是开发底层专业群共享课,由通识类、语言类、工具类、专业群专业基础类四个模块组成,专业群共享课主要解决专业群通用技能的培养和终身学习能力的养成;二是依据不同就业岗位目标开发中层分立专业课或专业方向课,一个专业群可能包括3～5个专业,而每个专业可能又分为若干个专业方向,不同的专业及专业方向肯定有着不同的专业课程,这些专业课程是专业群课程的主体;三是开发高层拓展专业群互选课,这些课程可以为学生提供个性化的选择,为学生的兴趣和职业发展方向提供新的契机。

2. 柔性调整课程平台体系

专业群内各专业课程应当对照岗位工作过程进行设置,针对具体工作任务开设对应的课程,从而将专业所需的必备技术技能融入中层分立的课程体系中。

因此,各个专业必须充分协调好与专业群"共享、分立、拓展"的课程关系,以免出现内容重复、核心课程课时不够等现象。提炼和总结专业群内各专业的通用基础能力,构建专业群底层共享课程平台是合理协调专业群课程体系和各专业课程体系关系的关键,合理的专业群共享课程能有效调动群内资源,从而将专业群最核心的课程打造为精品课程。因此,高职院校在初步构建专业课程体系后,还应对接产业岗位需求,深入分析各个专业课程标准的差异,合理构建底层共享、中层分立、高层拓展课程,进一步优化专业群课程体系方案,柔性调整各专业课程体系,从而满足不同专业群内各个专业对职业能力的需求。

3. 柔性协调专业群内各专业课程体系

职业院校的校内教学资源是有限的,很多时候不可能按照最理想的状态安排课程教学任务。比如,职业院校艺术类专业群每年招收行政班级32个,现代构成课程是这个专业群的共享课程,最理想的状态,每年的32个行政班都在大一第二学期开学时学习这门课程,但这显然是不现实的。如果32个班级同时开设这门课程,那么至少需要10名教师同时来上这门课,这就脱离了构建专业群的初衷。专业群应当集中群内最优势的师资力量,将该课程教学经验最丰富的3~4名教师组成一个课程组,将这门课程的各个教学环节研究得非常深入,各种教学资源准备得非常充分,在可靠的信息化平台上线这门课程,这样才能充分发挥专业群的资源聚集效应,起到"集中优势兵力解决问题"的效果。因此,应当柔性化协调专业群的课程体系,对课程开始的顺序、前后关系进行合理的安排,不搞一刀切。

(三)基于特色化发展专业群课程体系

高职院校应根据自身特色和区域产业链发展情况,特色化地设计专业群课程体系,充分发挥专业群的特色和优势,培养高素质复合型技术技能人才。以某职业院校机电一体化技术专业群课程体系的构建为例,学校优选学期项目,以该校智能装备、制药装备为背景,构建贯穿学生创新能力培养全过程的特色课程体系。师资队伍来源多元化,由智能装备制造、制药装备等专业教师为主,还包括专业实践经验丰富的企业精英。教学团队通过研讨和协商,共同确定本专业群的岗位责任和要求,对从岗位到工作领域,再到具体的工作任务所要求的职业能力进行系统分析,围绕产业链的新工艺、新技术、新材料,将培养过程按照生产工艺进行重组,从而构建出以机械技术相关课程为基础,智能控制相关课程为核心,自动化生产线、工业机器人、数控机床等为具体实训任务的特色课程体系。每学期的课程安排构成相互联系的模块课程群,并安排学期综合实训项目,以分层次、递进式、个性化训练学生的专业基础能力和拓展能力。在较长的综合项目中,高职院校应积极融入企业实践项目,开展情景式教学,以培养学生的创新意识和创新思维。

第三节 专业群课程开发与探索

一、基于工作过程系统化设计的课程教学模式改革

(一)工作过程导向的理论基础与背景分析

课程开发以学生就业岗位群为前提,以职业岗位分析所涉及的工作对象、工作内容、工作手段、工作组织、工作产品和工作环境六个要素为切入点,遵循"确定典型工作任务,归纳行动领域,转换学习领域,构建教学情境,设计教学策略,建立质评体系"课程开发六道程序,在实施项目导向、任务驱动课程教学过程中有机融入资讯、计划、决策、实施、检查、评价六个步骤。

基于工作过程的课程设计方法遵循设计导向的现代职业教育指导思想。设计导向对职业教育课程开发方法的研究发挥了积极作用,对当代西方职业教育理论发展和实践有着重大影响,目前成为欧洲和联合国教科文组织职业教育改革的主流指导思想。设计导向的核心理论是,在教育、工作和技术三者之间没有谁决定谁的关系,在技术可能性和社会需求之间存在着人为的和个性化的设计空间。现代社会,劳动者的专业能力、关键能力和个性特征等因素组成的综合素质至关重要,设计导向职业教育强调职业教育培养的人才不仅仅要有技术适应能力,更重要的是要有能力"本着对社会、经济和环境负责的态度,参与设计和创造未来的技术和劳动世界"。基于工作过程的课程设计方法打破了传统学科系统化的束缚,将学习过程、工作过程与学生的能力和个性发展联系起来,在培养目标中强调创造能力(设计能力)的培养,而不仅仅是被动地进行适应能力的训练。培养这种能力是基于工作过程的课程设计方法的本质与优势,因为它不仅强调如何培养职业适应能力,更着眼于培养职业竞争力(设计与建构能力),即要求每一个职业岗位的从业人员不仅能够适应职业工作,而且能够主动设计或建构自己的工作任务,在工作中成为具有竞争力的人。

从学生学习的角度来看,存在两类知识:一类是陈述性知识,即事实性、概念性等属于"是什么"的知识,以及理解性、论证性等属于"为什么"的知识;另一类是过程性知识,即操作性规程和经验性知识等属于"怎么做"的知识,以及作为优化手段之一的策略性经验知识等属于"怎么才能做得更好"的知识。高等职业教育教学中,这两类知识都要涉及,但重点应该放在"怎么做"和"怎么才能做得更好"上,即过程性知识。过程性知识是指包含在实际工作中的知识。随着现代社会与职业教育的发展,人类逐渐意识到现代职业教育课程的关键在于解读嵌合在实际工作中的知识。在基于工作过程的课程设计中,过程知识是联系理论与实践的纽带,是解决工作中书本知识与实际经验之间矛盾的关键。其核心是通过综合的、具体的职业实践活动,帮助学生掌握实际工作中的过程性知识,获得需要的综合职业能力。由此可见,基于工作过程的课程设计方法,特别有利于学生对过程性知识的学习。中国的高等

职业教育是以高中毕业学生拥有的学科性知识为起点、以高素质技能型人才为培养目标的教育。高素质技能型人才在高中文化基础上,以过程知识为主体需求,并辅之以对其他知识的学习。因此,在高等职业教育过程中,特别需要强调学生对过程性知识的学习。

基于工作过程的课程设计方法本身是伴随大量的教育实验产生的,与教学计划开发一样,基于工作过程的课程设计方法的基础也是工作分析和专家座谈会,但与教学计划开发不同的是,基于工作过程的课程设计方法将工作作为一个整体来看待,更加关注工作过程的整体性和完成工作任务所需的创造能力。

(二)基于工作过程的课程设计方法实施步骤

所谓工作过程是在企业里为完成一件工作任务并获得工作成果而进行的一个完整的工作程序。现代企业和社会已经进入以过程为导向的综合化运作时代,在工作中所需要的知识技能、要解决的实际问题都是综合性的,必须与整体化的实际工作过程相联系。基于工作过程的课程设计方法以整体化的职业分析为基础,以具有职业特征的典型工作任务为基本素材,主观上将职业工作作为一个整体化的行为过程进行分析,而不是具体分析那些"点状"的、缺乏有机联系的知识点和技能点,构建"工作过程完整"而不是"学科完整"的职业教育课程。

1.基本步骤

基于工作过程的课程设计方法主要包括三个基本步骤:第一步,典型工作任务分析。通过工人专家访谈会确定某个职业的典型工作任务,按照能力发展和职业成长规律确定典型工作任务的难度等级和顺序,并对其进行分析描述。第二步,学习领域设计。在对典型工作任务分析的基础上设计出学习领域,针对每一个典型工作任务,准确确定和描述所对应的学习领域,给出学习目标、内容和基准学时要求,并将学习领域按照学生的职业成长规律和教学规律进行时间上的排列,得到专业的学习领域课程计划,完成学习领域设计。第三步,开发编制学习领域课程教学大纲。对整个专业每个学习领域课程进行开发,将学习领域变成可以教学的课程,开发编制学习领域课程教学大纲。

2.以遵循职业成长规律为基础设计学习领域

基于工作过程的课程设计方法按照新手到专家的职业成长规律进行学习领域课程顺序的设计。该方法认为,人的职业发展是按照从新手到专家的过程进行的。这个过程总共经历五个阶段,即新手、高级初学者、有能力者、熟练者和专家。

在职业教育中,首先需要给学生逐步灌输专门职业技能,然后逐步扩展知识的深度和广度。按照职业成长规律,基于工作过程的课程设计确定典型工作任务之间的逻辑顺序,从能力发展的角度对职业教育的内容进行系统化处理,其课程的学习难度也逐渐加深。

3.理论与实践融合前提下确定学习领域课程

职业教育课程开发的核心问题是实现理论与实践教学的融合。但是在先前的职业教育课程设计中,理论与实践教学通常都是平行或者分离的,实践教学和理论学习在内容上协调不充分，很难实现两个学习场所一体化，学生也很难将理论和实践学习中学到的知识联系起来，形成整体化的职业行动能力。而基于工作过程的课程设计方法是设计"以职业任务和行动过程为导向"的学习领域课程，是一种理论与实践一体化的现代职业教育课程模式，可以使学生将"在工作过程中的学习"和"课堂上的学习"进行整合，最大限度地培养学生的职业能力。

基于工作过程的课程开发方法适用于创新型国家和市场经济对职业人才的要求。基于工作过程的学习领域课程是实现职业竞争力目标的基本保证，所以，以职业竞争力为导向，必须以基于工作过程的学习领域课程为核心和主线。学习领域课程的目的在于让学生在（尽量）真实的工作情境中学习如何"高效率地工作"和"富有创造性地工作"，以在这一过程中着重培养学生的综合职业能力，提升学生的职业竞争力。构建学习领域课程为主线的课程体系和"理论－实践"一体化的综合性课程，是体现"工作过程－支撑平台系统化课程"专业课程体系典型结构特征的关键和重点。

4. 职业与设计导向性

基于工作过程的课程设计方法在教学设计中给出的学习目标和内容要求必须体现该职业特有的知识和技能，给出每一个学习领域与职业活动的表述及其与职业成长规律中能力发展阶段的四个学习范围难度间的关系。而职业分析中每一项典型工作任务总能体现出一定的设计需求，使职业教育课程计划中的工作和学习内容不再仅仅是现有职业实践的真实再现。通过有目的地设计工作内容，工作任务具有了一定的前瞻性和先进性。因此，设计的部分课程中，学习内容一般是职业实践中没有固定答案的学习任务，学生可以充分发挥自己的创造力与想象力。通过学习，学生不但可以独立设计解决问题的策略并尝试解决问题，而且能够确定评估标准并进行评估，从而促进学生职业竞争力（设计与建构能力）的发展。

5. 支持学习领域的课程平台

(1) 专业基础课程平台

专业基础课程本身不是学习领域课程，其目的不在于培养学生完成工作任务的综合能力，而是学习领域课程的支持课程，目的是使学生掌握完成工作任务所依托的方法、工具、功能、技术（智力）、规范或掌握完成工作任务所需要的系统化知识。从典型工作任务中分解所需的支撑理论知识，并再分为仅与该典型工作任务相关且较少要求系统化的理论知识，和可能与多门学习领域课程有关且需要系统化的理论知识，将后者构建成独立开设的基础课程，其课程体系即构成专业基础课程平台。

(2) 职业基本技术、技能训练课程平台

职业基本技术、技能训练课程是从完成典型工作任务中分解出所需的基本技术、技能构建成的指向职业基本技术、技能训练的实训课程，其课程体系构成职业基本技术、技能训练课程平台。职业基本技术、技能训练课程平台对学习领域课程的支撑作用，能有效提高能力培养的效率。

（3）职业领域公共课程平台

公共课程平台是考虑职业竞争力模型和典型工作任务中蕴含的职业能力和基本素质要求，以及对学习领域的专业基础平台课程的支持和国家对高等职业教育培养人才的基本要求，而设计的公共课程平台，其课程体系构成职业领域公共课程平台。

（4）职业资格证书课程组

学历证书和职业资格证书"1+X证书"制度是高职教育满足用人要求的制度性保障，专业课程的教学内容应覆盖相应职业资格要求，通过学中做、做中学，突出职业岗位能力培养和职业素养养成来实现。因此，职业资格证书课程应包括在课程体系结构中，分为获取相应职业资格证书性质的课程和单独开设的证书考试课程两部分。

（5）职业拓展课程组

职业拓展课程的目的在于实现知识和能力的拓展，使学生具有一定的职业迁移能力。它们可以是能力性的拓展，也可以是知识性的拓展；可以是学习领域性质的课程，也可以是平台性质的课程，可视专业的具体情况而定。

二、DACUM 课程开发

DACUM 是我国引进的一种先进的课程开发模式，是以开发职业能力为目标导向的一种较为快捷、准确的职业能力分析方法。DACUM 产生于二十世纪六十年代末，是由加拿大经济发展部试验项目分部和纽约学习通用公司发明的。他们在教学培训过程中发现培训目标和实际情况出入很大，以至于教学培训无法满足实际工作的需要。为了解决这一问题，寻找一条合适的道路，他们先后进行了大量的实践和理论研究，终于研制开发了 DACUM，即教学计划开发。DACUM 本质是一种分析和确定某种职业所需能力的方法，这种方法现已成为一种科学、高效、经济的分析确定职业岗位所需能力的职业分析方法。DACUM 的前提是教育服从于产业的发展，其理论基础是美国教育学家布鲁姆（Benjamin Bloom）提出的"有效的教学始于准确希望达到的目标"，DACUM 所遵循的原则是必需的准则和够用的量度。

DACUM 采取职业分析研讨会为主要形式，主要工作程序有：确定职业名称和内容、分析能力领域、确定单项能力、排序能力领域和单项能力、确定能力操作评定等级、完成能力图表制作等。在此后的几十年中，又出现了若干各具特色的职业分析方法，比较典型的有澳大利亚职业分析方法和德国职业分析方法（BAG）等。澳大利亚职业分析方法的主要工作程序有：职业技术领域界定、确定能力领域和能力单元、分析能力要素、确定行动标准等。德国职业分析方法（BAG）的核心内容是"典型工作任务分析"和"实践专家研讨会"，主要工作程序有：分析工作岗位、提取典型工作任务、确定典型工作任务难度范围、典型工作任务分析等。

职业分析涉及三方面内容：一是职业分析的主体；二是描述职业工作的方式；三是职业分析的具体形式和步骤。职业分析作为课程开发的基础工作，目的是找出工作、职业要求和学习内容之间的联系。职业分析方法的本质是用一种可以作为后续课程开发基础的适当方式描述职业工作,找到从事该职业工作所需要的基本要求或能力表现形式,目的是用更准确的表现方法和恰当的方式使描述的职业具有可靠性、有效性和代表性。职业分析的主体是行业企业专家,而非学校教师;采用专家集体头脑风暴法得出结论,而非仅用问卷调查或个别访谈法;充分重视职业分析研讨会主持人的主持与引领作用;对职业分析结果用科学、规范的文字形式表述。DACUM方法强调技能在职业岗位工作中的作用,详尽的技能点分析是职业分析的重要结果。澳大利亚职业分析方法建立在DACUM方法的基础上又有所发展,更注重能力的技术要素在工作中的作用。德国的职业教育有其独立性和特色,最新的基于工作过程的职业分析方法于近十年提出,该方法关注职业工作过程和人类劳动的整体特性,用与工作过程相关的典型工作任务对现代职业活动进行全面分析,强调完成工作任务的综合能力,而非单项的技能在职业工作中的重要性,用典型工作任务描述职业,首次在职业教育课程开发中提出"设计导向"的理念,代表了先进生产力对技能型人才的新需求,并通过BAC法"使设计导向"的理念在职业教育课程开发中得以贯彻。德国职业分析方法严谨且刻板,代表了德国人的文化传统和思维方式。可以说不同的职业分析方法反映了经济发展阶段以及经济发展方式对人力资源需求的差异,也反映了教育理念的进步和文化传统的特点。

三、职业竞争力导向"工作过程－支撑平台"系统化课程开发

(一)中国高职教育特点

在发展高职教育过程中,中国自身的国情特点及其对高等职业教育的影响,主要有以下方面。

第一,中国经济整体上还处于工业化阶段,以劳动密集型生产为主,刚刚开始经济发展方式转型的历程,且经济社会发展不平衡,这就造成各地人力资源类型需求随生产方式的不同而有所差异。

第二,产学合作是发展高等职业教育的根本途径,如何从国家层面以国家框架的形式给予保证以及如何适应市场经济体制形成校企双赢互利的机制等都还有待研究。

第三,重视学历、重视知识是中国长期的文化传统,将大专层次的学历教育与高层次职业教育相结合的中国特色高等职业教育,符合中国的文化传统和基本国情。

第四,高等职业教育的教学改革发展不平衡,不同地区之间、示范校与非示范校之间、公办校与民办校之间、独立设置的高职学院与本科高校办的高职院校之间,无论在对高等职业教育性质、理念的理解,还是在改革的实践以及保障的条件和环境等方面都存在很大差距。

(二)课程开发原则

创建中国特色的高等职业教育课程开发中,职业分析方法必须兼顾多方面因素,遵循以下原则。

1.先进性

能力本位是高等职业教育的本质特征,而培养能力的内涵反映了人才培养目标的要求,

体现着高职教育是否具有先进性。世界各国具有先进性的职业教育都把面向未来的综合职业能力培养作为职业教育的目标。为此,我们提出高职教育从培养职业适应能力向培养职业竞争能力转变的改革目标,在课程改革时进行课程开发的职业分析中必须从职业工作过程和人类劳动的整体性出发,主要依据工作过程完整的综合性典型工作任务进行职业描述。

2. 中国特色

高等职业教育是高等教育领域的职业教育,这本身就具有中国特色。它反映了培养的高素质技能型专门人才在技能上的复杂性、在团队项目工作中的领导和管理责任以及必须具备的高等教育要求的人才素质。因此在课程开发的职业分析中必须体现出完成综合工作任务需要的基础性知识和基本技术技能以及对高等教育培养专门人才的综合能力要求。

3. 可实施性

中国的经济社会发展不平衡,劳动密集型和知识密集型生产方式并存,行业企业对高职人才的基本要求不一样,尤其是对基本技术技能、综合应用能力需求的侧重不同,要求职业分析方法具有一定的灵活性和可调整性,以适应不同人才的工作要求和不同专业课程开发的需要。

(三)课程开发步骤

在高等职业教育课程改革中,我们在创建的职业竞争力导向"工作过程－支撑平台"系统化课程模式和开发方法基础上提出了一个新的职业分析方法,也可称为职业竞争力导向的"工作过程－支撑平台"职业分析方法。高等职业教育课程开发中职业分析方法的步骤与内涵如下。

1. 行业企业调研

在专业设置合理的条件下进行专业课程开发时,第一步是进行行业企业调研,其主要目的和任务包括:①确定专业可能面向的职业领域(职业领域数≤3);②确定每个职业领域高职教育适应的职业岗位;③了解每个职业领域相关的职业资格或职业技术等级证书;④选定参加行业企业专家职业分析研讨会各职业领域的专家;⑤了解相关职业标准、职业环境,了解教育行政部门相关专业设置的基本要求,以及进行职业分析的相关概念与方法(对参加职业分析研讨会全体人员的要求)。

2. 召开第一次行业企业专家职业分析研讨会

召开行业企业专家职业分析研讨会的目的是通过分析典型工作任务而进行整体化职业分析,用典型工作任务的形式描述职业工作,并为教学过程设计确定这些任务的难度等级和教学顺序。要按照第一步确定的专业面向的职业领域召开职业分析研讨会。

第一次行业企业专家职业分析研讨会的主要任务包括以下几条:①确定典型工作任务10~20个;②确定典型工作任务难度等级;③确定每个等级中核心典型工作任务。

第一次行业企业专家职业分析研讨会对参会人员的要求包括以下内容。

首先,来自专业面向的职业领域行业企业专家9~12人,他们本身应为高职毕业生,正在相应岗位工作或已提升;也可以具有更高的学历,但必须了解该专业面向的职业领域高职毕业生的岗位工作。他们是第一次行业企业专家职业分析研讨会的主角,研讨会根据每位专家的经历与经验,分组讨论,通过集体头脑风暴法,完成确定该职业领域典型工作任务等工作。

其次,来自高职教育领域的课程专家、专业的课程开发教师若干,他们是第一次行业企业专家职业分析研讨会的旁听者,不发言,为后续的职业分析和课程开发做好准备。

最后,职业分析研讨会的主持人应为高职教育课程开发专家,掌握职业分析方法,有丰富的职业分析实践经验,且有行业企业工作经历,但不要求有相关专业背景。研讨会主持人需要自始至终以饱满的热情和理智的中性立场引导和激励行业企业专家进行讨论,并在有限的时间内达成共识。所以主持人是研讨会的关键人物,人员的选择尤为重要。

第一次行业企业专家职业分析研讨会的程序是:主持人致辞欢迎,行业企业专家自我介绍;主持人介绍研讨会背景、目的、内容、指导思想与程序安排;专家个人简述职业历程;专家个人确定职业历程中有代表性的工作任务;小组进行典型工作任务汇总;对各组确定的典型工作任务进行汇报与归类;形成整体典型工作任务方案并对典型工作任务进行难度等级划分;在各难度等级的典型工作任务中确定核心典型工作任务。

3. 召开第二次行业企业专家职业分析研讨会

第二次行业企业专家职业分析研讨会分为两个阶段,参加人员与第一次研讨会相同,以行业企业专家为主,但来自高职教育领域的课程专家、专业的课程开发教师要参与研讨、发表意见,并与行业企业专家一起完成分析任务。

(1)第一阶段

从参加第一次行业企业专家研讨会人员中选出行业企业专家3~4人,课程专家、课程开发教师3~4人,参加第一阶段的研讨活动。

主要任务是对第一次研讨会的结果——典型工作任务、典型工作任务难度等级、核心典型工作任务进行系统研讨和调整审定。

(2)第二阶段

参加第一次研讨会的行业企业专家、课程专家、课程开发教师全体人员参加第二阶段的研讨活动。

主要任务包括以下几条。①完成每个典型工作任务分析表;②分析提取支撑完成典型工作任务需要的基础性知识与基本技术技能;③分析专业面向职业领域需要的职业竞争力;④分析专业面向职业领域职业资格证书或职业技术等级证书的要求。

两次专家职业分析研讨会可连续召开,共需时间大约为一天半至两天。而上述步骤与任务的完成,将产生该次职业分析的结果,具体如下。①典型工作任务;②支撑完成典型工作任务的基础性知识;③支撑完成典型工作任务的基本技术技能;④职业竞争力要求;⑤职业资格或技术等级证书要求。

以上结果是后续该专业高职课程开发的主要依据。

以职业竞争力培养为导向反映了最先进的高等教育和职业教育理念。通过职业分析不仅提取、分析了培养职业竞争力需要的职业领域的典型工作任务,而且分解提出了支持典型工作任务完成所需的理论知识和专门技术技能,反映出高等职业教育培养的高素质技能型专门人才所承担工作任务的复杂性,为后继课程开发奠定了基础,体现了中国高等职业教育的特性。对典型工作任务的分类分级处理,增加了后续课程开发中课程设置的选择性,可依据专业人才培养的具体需求、学校资源、学生特点平衡处理专业知识、专门技能、综合能力三者之间的关系,灵活设计专业课程体系,具有较强的可实施性。

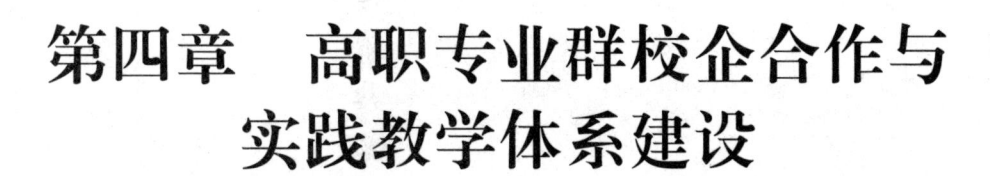

第四章　高职专业群校企合作与实践教学体系建设

第一节 专业群校企合作的策略

一、校企合作的内容创新

校企合作关系到职业教育能否办出特色,而能否办出特色正是职业教育兴衰成败的决定性因素。近年来,人们已普遍认识到产学研结合是职业教育发展的必由之路和成功之路,校企合作是职业教育产学研结合的主要形式,职业院校应加强校企合作的研究,更新校企合作理念,创新校企合作模式,建立和完善校企合作机制。针对校企合作的诸多缺失,我们应该对校企合作进行新的探索。

校企合作的理想追求应该是建立在校企互动、企业与学校相互渗透,形成人才培养、技术进步、校企竞争力等都能得到提高基础之上的"互惠、多赢"的合作目标。这种校企合作,将最大限度地实现学校和企业资源、环境的共享,有效发挥学校和企业各自的优势。但在实践中,校企合作需要相应的条件、时间以及感情投入,需要第三方的协调,需要政策与资金的支持。在不同的经济社会发展阶段、不同的科学技术发展阶段、不同的产业与教育发展阶段,特别是校企合作双方密切程度不同以及合作时间长短不同,合作内容都有较大差别。进一步拓展合作内容,从传统的合作到新型的合作,从部分合作到全方位合作,从初步合作到紧密合作,使合作内容逐步升级,实现双赢与多赢,应该是职业院校与相关企业合作的目标追求。

(一)技能竞赛合作

职业教育外在的环境是行业蓬勃发展的支撑,内在的因素是职业气氛的烘托,而职业气氛的营造就是通过技能竞赛来实现的,通过职业技能竞赛来培养学生的职业自信心、适应力、好胜心、责任心、职业兴趣和职业素养等是很好的途径。通过技能竞赛,企业可以挑选到优秀的人才,学校可以激发学生的学习兴趣。

在技能竞赛的校企合作上,第一种做法是利用企业的技术优势培养合作院校的带队教师,把专家请进来,把技术传出去,这是企业培训大赛教师的经验之谈。第二种做法就是赞助比赛设备给合作院校,并提供一定额度的经费,和合作院校共同举办技能竞赛,譬如学校和企业联合举办技能竞赛周。

(二)股份合作

充分发挥学校的教学与企业生产的资源优势,盘活现有资源,创造经济价值。比如,企业给学校实习工厂提供可用的设备,指导实习工厂生产配套产品,并取得合理报酬。高职学院校内实践教学基地建设资金主要由校方筹集,企业可以提供信息服务和部分实训设备、资金;校外实践教学基地主要是企业的生产车间。校企合作后,企业的新产品开发、新设备、新技术的引进、旧设备的技术改造,已不再是企业单方的任务,学校要充分发挥自身优势,积极为企业服务;校企双方要制订技术合作计划,共同分析市场,探讨市场走向,共同研究新技术、新工艺的应用,站在行业新技术发展的前沿。

(三)校企文化合作

校园文化与企业文化都是从属于社会主流文化的一种亚文化。校园文化是一种教育文化,学校的最高目标是有效利用各种资源,培养更多更好的人才;企业文化是一种经营文化,其追求的最高目标是利润最大化,但校园文化与企业文化都是以人为着眼点,都有大致相同的结构,可以分为物质文化、制度文化、行为文化和精神文化。校园文化与企业文化在学校与企业内部所起的作用也基本相同,都有导向、规范、凝集作用等,这些特点决定了校企在文化建设上可以深入地合作。职业素养仅仅通过知识与技能的学习是无法形成的,职业实践和企业文化的陶冶是养成良好职业素养不可缺少的途径,不同的素养需要不同的文化来陶冶,通过含有一定职业文化内涵的校园文化来引导与规范学生的思想和行为,需要通过校企合作的途径来进行,职业教育要以服务为宗旨,全体教职员工都要有很强的服务意识。目前大多数企业在完善服务功能方面远远走在了学校的前面,具备良好的服务理念,形成了良好的服务体系。高职学院与企业进行文化合作,可以让学院学习到优秀企业为客户服务的理念与服务体系。校企文化的融合使得学校文化与企业会有更多的共同语言。学生在学校学习时所处的情境往往与进入企业后工作的场景存在巨大反差,学校文化与企业文化融和,容易使学生事先认同与接受企业文化。高职学院与企业进行文化建设合作,可以共享各有优势的文化资源。在此基础上举办文化活动,如体育、娱乐以及技能比赛等,通过主导文化交流与渗透,建设好文明和谐的校园与企业文化。

(四)管理合作

尽管教育管理或者学校管理与企业管理为不同的目标服务,但管理追求质量与效益的目的是相同的,都主张通过以人为本的思想来调动广大员工工作的积极性。学校管理与企业管理、教学与生产,校企人力资源管理、财务管理、后勤管理等都有可以合作的空间。学校后勤管理逐步社会化、企业化,学校人事管理逐步转向人力资源管理,财务管理向控制成本转变,均可以向企业借鉴经验。企业管理以刚性管理为优势,学校管理有灵活性优势,两种管理可以刚柔相济、相互借鉴。学校与企业加强管理制度建设和管理信息交流,相互聘请有经验的人员到学校或企业内部进行项目管理,提升管理效率与管理效益、管理思想、管理经验、管理文化,使其相互交融,能够促进学校与企业管理水平的提升。

(五)思想与道德教育合作

思想政治工作是学校的头等大事,合作企业可以为学校提供活的课堂。企业发展也表示国家兴旺,企业的高效益预示人民的幸福安康,企业技能标兵能带动同学们勤学苦练,企业劳模能带动同学们艰苦创业,用企业的技术专家展示创新的风采,通过企业生产带动同学们更加务实。学校也可以发挥教师的理论优势,为企业员工讲解政治、经济与社会形势,帮助员工树立正确的思想观念,给员工进行心理教育。职业道德最好在从业时塑造,合作企业可以通过劳动现场,向在校学生进行专业教育,展示合作精神、岗位价值与劳动的意义,展示知识的力量与劳动纪律的作用,使职业指导在职业服务中内化。学校和企业还可以合作编印相应的小册子,树立鲜活的正面典型。

(六)科研合作

新型工业化呼唤企业有更多的原创技术用于生产,企业在这样的时代也越来越重视自身技术开发。由于条件限制,一些企业没有力量从事生产之外的技术开发,但企业可以为高职学院提供研究项目和必要的条件。校企合作为高职学院相关教师提供有生产价值的课题,提供研究条件,并能立竿见影地解决一些问题。校企科研合作,不但更有针对性与实用性,而且能够促进企业生产与教师研究能力的快速提高。

学校有好的设计理念和先进技术,企业有成熟的加工制作经验,把先进技术变成好的产品需要学校和企业联合起来共同推动技术的进步,这就是校企合作的科研合作。科研合作对于解决学校只有想法和文章而没有实际产品的问题提供了有效途径,对于企业进一步提高技术和产品内涵、种类带来了帮助。

在科研合作的过程中,第一种合作方式是合作院校或企业申报课题,由企业和合作院校共同完成课题,企业负责加工制作产品样品和成品,合作院校教师的任务则是提出想法、设计图纸、试制样品等。如果产品研制出来,则由合作院校和企业共同申报专利。第二种合作方式是由合作院校的教师提出设计方案,企业负责生产,生产出来的产品按照市场规律进行运作。第三种合作方式是企业将需要攻关的科研项目交给合作院校的教师去做,由企业负责提出要求、支付科研经费和最终的功能验收,合作院校负责开发、调试和完善。在这三种合作模式的运作下,有了实在的合作项目,合作院校的教师写起文章来就会有的放矢、发明起专利来就会得心应手、搞起教学来就会游刃有余,解决了企业的技术瓶颈,提高了院校的社会知名度。进行这样的合作,从小的方面来说给教师和企业带来了帮助,从大的方面来给职业教育、社会发展、技术进步带来了深刻的影响。

(七)就业合作

学校培养人才,企业需要人才,这是双方需求的共同点,但是如果失去校企合作这一纽带,那么学校培养的人才可能不是企业需要的人才,学校办不下去;企业需要的人才可能找不到,企业也就发展不了。在就业方面,学校的人才资源和企业的就业资源是需要共同培育的,把企业的想法告诉学校是企业的责任,学校按照企业的要求进行"订单式"培养是学校的任务。

在就业合作方面,第一步做法就是企业和学校专业带头人共同制订学校培养目标和课程实施计划,帮助学校从一开始就按照就业导向来拟定自己的教学计划。第二步做法就是企业利用和其他企业的业务关系,帮助合作院校和这些企业取得联系,帮它们牵线搭桥共同建立校企合作实训基地。第三步做法就是企业接纳合作院校的毕业生就业和帮助合作院校联系其他顶岗实习单位。

二、校企合作的模式创新

(一)校企合作模式的影响因素分析

任何事物都不能孤立存在,同样,校企合作不仅仅涉及学校和企业双方,还涉及政府的推动和市场的调节等重要的外部力量,此外,社会历史文化传统、法律法规、行政和行业管理体制、企业生产方式等也是校企合作的外部因素。成功有效的校企合作机制的建立有赖于各相关因素的正向合力的生成。

世界各个国家职业教育的发展历程不仅证明校企合作模式是促进职业教育与社会经济协调发展的必由之路,同时也揭示了校企合作的顺利、有序进行需要良好的环境。可以说,校企合作不仅仅涉及教育界和企业界,它更是一项系统工程,只有各相关因素协调发展和相互促进,形成正向合力,校企合作才能在良好的发展环境中步入健康有序的轨道。

影响校企合作模式的相关因素有很多,归纳起来主要有以下几个方面。

1. 历史文化

任何一个民族和社会都有其特定的历史文化,而这种经由历史发展积淀的特定文化会深刻地影响整个社会人们的价值观和行为。

2. 行业中介组织管理

行业组织由于集中代表了本行业的共同利益,其对行业内企业有一种天然的约束力,因此,建立行业组织并由其行使一定的管理监督职能无疑有利于校企合作的顺利进行。

3. 企业生产方式

企业的生产方式或其追求的生产方式决定其参与职业教育的积极程度。技术密集型企业无疑比劳动密集型企业更关注人力资源的开发,其参与职业教育的积极性也比后者要高。随着科技进步,企业的生产方式发生了重大转变,大批量的生产方式将为灵活多变、适应性强、个性化的柔性生产方式所取代,这就要求劳动者必须具有一定的知识、智慧及掌握多项技能,这从客观上增加了企业对于人力资源开发的需求。可以说,企业生产方式的转变加速了校企合作的进程。而我国目前的经济增长方式没有真正转到依靠科技进步和提高劳动者素质上来,企业的生产方式还是以粗放型和劳动密集型为特征。

(二)校企合作新模式

1. 校企合作模式的创新

(1)创新校企合作办学模式

校企合作不论采取何种形式,归根结底都是校企双方在大目标一致的基础上各尽所能的合作。因而,要深化校企合作,必须促使校企双方通过更多的交流实现深度融合。据此,应建立和完善校企合作双方定期交流制度,规定学校的专任教师与合作企业中胜任专业技能教学的人才分批轮流进行为期1~2年的互派换岗。其间,学校专任教师在企业专业对口岗位上以实践锻炼为主,同时可根据企业员工需要为其做一些理论知识辅导,或与企业有关人员一起从事科研项目;企业人才在学校以从事专业技能实训课教学为主,同时可与相关教师共同承担科研任务。这既有利于增强学校教师队伍的专业技能教学能力,又有利于提升企业员工的文化素质和专业知识水平,会使校企双方在内涵方面实现优势互补,在利益上各有所得,改善以往校企合作中双方受益失衡状况,构建以人才交流与互融为基础,更有利于发挥人才互利作用的校企合作办学新模式。

(2)创新校企合作育人课程内容

教材作为课程内容的基本依据,其质量对教育教学质量起着决定性的作用。职业院校所用教材要充分适应企业对技术技能人才培养质量的要求,实现课程内容的创新。

为此,一是作为教材主编方应邀请企业有关专家与任课教师一起拟订更加适合现阶段技术技能人才培养需要的课程新标准,然后将现有教材中的内容与该标准相对照,探寻教材内容推陈出新更适合人才培养需要的新思路,拟订编写或修订教材的计划;二是在组织教材编写队伍时,既要挑选教学经验丰富、研究水平较高、写作能力较强的任课教师及相关研究人员参加,又要从企业吸收一些实践经验丰富、专业知识功底深厚的高技能人才,让他们依据新的课程标准,以其所长、尽其所能地参与主编、编写或审阅教材。三是在编写教材过程中,要注意搞好参编教师及相关研究人员与企业人员的分工协作,使教材内容充分反映企业生产和经营管理实践中的新情况,从而增强新颖性、先进性和适用性,保证教育教学的质量。

(3)创新校企合作育人教学方式

以学生为主体,使教育理念从"以教为本"到"以学为本"转变。不仅要在教学目标上使学生重视专业能力的形成,让学生们在计划、判断、分析上得到系统的锻炼,还要在教学模式上让学生们从灌输式学习变为项目教学,最终使他们能获得个性化的发展并具有自我评价的能力。

①采用开放互动的教学模式

创新能力和实践探索精神,互动式教学模式的创造和实践是一种教学改革意识和探索精神的校企互动,根据企业需要,设置专业课程,设计培养方案,构建学生应具备的知识、能力和素质架构体系,制定企业全方位参与教育教学的"过程互动"运行机制,强调"互动细节",使学生得以将理论与实践相结合,全面提升综合运用知识的能力。

②企业内容融入日常学习

随着企业对于人才的要求越来越高,职业院校的课程教学模式也呈现出多样化的趋势。将企业的实战融入课程里已经迫在眉睫。以国际化、企业化为标准,设置知名企业的最新案例,可以让学生直接了解到一流国际企业的运作模式、职业要求和工作规范,在教学过程中注重创意式和实战式教学,使学生一毕业即符合企业的要求。

③举办学术或设计竞赛活动

在时尚设计或快速消费领域,企业更新换代不断加快,往往在研发时产生思想瓶颈,而在校学生们的发散思维,可以为解决问题提供很多创新的建议,企业从中受益匪浅。职业院校以学术研究或设计竞赛形式开展一些活动,由企业提供主题,学校通过各种形式组织比赛和活动。

(4)创新校企合作就业途径

在当前毕业生就业难度比以往更大的情况下,一方面,职业院校应继续采用组织学生去企业上岗实训实习、聘请企业高技能人才来校作为兼职教师参与授课或指导学生实训、加强教师教学能力建设等办法,使学生切实掌握专业知识和技能,提高综合素质,增强就业能力;

另一方面,应拓宽眼界和思路,力求在校企合作就业方面突破常规,有所创新,即协助企业拓展生产经营,以此增加企业的技能性工作岗位,从而更有效地解决高职毕业生的就业问题。一是可以凭借校友资源优势帮助企业开辟新的市场和销售渠道,扩大企业生产经营规模,使技能性工作岗位随之有所增加。二是发挥自身智力资源优势,支持企业研发适应市场需求、竞争力强的新产品或新项目,以此扩大企业经营范围,增加其对技能人才的需求量。三是利用校内空闲场地和房屋吸引企业,企业建立既可作为学生实训实习基地,又能满足企业拓展生产经营需要的分厂或分公司,增加企业对包括技能人才在内的用工需求。

(5)创新校企合作发展平台

校企合作发展平台是职业院校与企业赖以开展互利活动的一定空间范围和基础条件,其活动项目的种类越多、技术含量越高,这个平台就越广阔、越有利于校企合作的发展。应改变以往校企合作大多局限于一般项目的状况,促使校企双方着眼于适应产业转型升级需要。企业要改造落后工艺技术、提升全面质量管理水平、降耗增效、循环利用资源、开发新产品和新技术等项目,凭借各自优势,广泛开展合作,并根据这些项目进展的需要培养技术技能人才。

2. 校企合作新模式

(1)校企互动"共建式"

校企互动"共建式"模式是指在校企合作过程中实行校企联合、双向互动,共同培养人才,具体表现为:①共建"目标"。学校针对市场和企业的需求,通过校企合作委员会或专业指导委员会,会同行业、企业领导和专家参与各专业人才培养方案的制定,共同确定培养目标。②共建"计划"。学校充分听取来自企业专家的意见和建议,校企双方共同确定课程体系、实验实训安排、毕业设计与毕业考试等。③共建"课程"。学校聘请企业技术骨干参与课程改革,按照企业的要求确定课程结构、选择课程内容、开发专业教材。④共建"课堂"。一方面,学校从企业聘请具有丰富实践经验的兼职教师给学生授课、开设讲座等;另一方面,企业为学校提供校外实习基地,并由企业的业务骨干、管理精英担任实习指导教师。⑤共建"师资"。学校委派教师下企业锻炼,通过与企业零距离接触,及时学习和掌握最新的生产工艺和技能;对企业来说,得到了学校的智力支持,也减少了用人成本。

(2)多元长效的"订单式"

"订单式"培养模式是企业根据用工实际岗位需求向学校提出人才培养数量和规模,委托学校进行培养。双方签订办学协议,确保各自的权利与业务。"订单式"培养模式是以"人才共建"为纽带的一对一合作模式,解决了企业的用人需求问题,受到了企业的普遍欢迎。

(3)产品研发"共同式"

校企合作是建立在互惠互利的基础上的,职业学校应积极探寻双方利益的契合点,通过校企合作共同研发产品,进一步增强合作的原动力。

①指导学生进行技术创新和产品研发

学校通过聘请企业专家来进行技术创新发明讲座,号召大家围绕生产、生活进行产品改造、制作和创新。

②教师参与企业技术产品研发

在校企合作中,学校积极派选优秀专业骨干教师到企业挂职锻炼,主动参与企业的生产管理、产品开发和技术革新活动,与企业共同攻克技术难关,实现"产、学、研"无缝结合。

③实习作品产品化

为降低学生实习成本,也为学校创造效益,职业学校应与相关企业积极合作,共同将学生实习产品转化为企业员工生产的市场产品。

(4)联合经营"开放式"

学校向企业开放校内外实训基地、师资等办学资源,企业以设备、技术、资金等形式向学校注入股份,以实训基地作为加工场进行产品生产,实现学校企业联合经营。

企业以主人的身份直接参与办学过程,分享经营效益。

(5)校企文化"对接式"

职业素质的养成来源于校园专业文化环境的营造,健康和谐的校园文化是学校赖以生存和发展的重要根基和不竭动力,是学校的精神和灵魂。职业学校应将企业文化有机地融入校园文化建设中,形成企业化的校园文化特色。

①校企物质文化对接

物质文化是校园专业文化建设的物质载体和基础,学校要注重企业与校园物质文化的对接融合。如学校通过在走廊、教室、活动室、实训车间、图书馆等地方张贴优秀企业家、创业者的成就榜与风采照、格言警句、市场人才需求信息、行业与专业的发展趋势等,使学生从中体位职业感受和专业思想,提高学习动力。

②校企制度文化对接

专业制度文化是指以专业建设和管理为目标所拟定的所有师生共同遵守的办事规程和行动准则,包括师生日常行为规范管理要求、学习要求、纪律要求、活动要求等。

为充分发挥企业文化环境育人的作用,将企业制度与学校制度对接。

③校企精神文化对接

学校应注重校企精神文化的对接,在传授技能的同时,注重学生文化素养的培养。一方面通过自编读本、就业指导等书籍来给予学生职业思想上的熏陶;另一方面定期邀请企业领导来校给学生做讲座,传播企业文化,宣传企业的经营理念和生产情况,加深学生对企业的了解。此外还可通过在学生中举行"爱我专业"的征文,"立就业之志,练就业之功,走就业之路"为主题的演讲比赛、技能大比武等多种活动,进一步培育学生热爱企业的真挚情感。

(6)工学结合"交替式"

传统的教育模式认为学校是学生教育的组织者和实施者,因而学校是对学生进行教育和培养的唯一主体,而企业只是学校教育成果的被动接受者,而在工学结合的教育模式中,学生的培养教育则由学校和企业共同合作完成,职业学校应以实训、顶岗实习为切入点,坚持工学结合模式,将企业管理的质量意识、经营意识、竞争意识迁移到学校的管理中来,使教学实施主体呈现多元化的局面。

①工学结合

工学结合是一种学生学习与工作相结合的教育形式,它具有开放性、实践性和职业性。在工学结合中,学生以"职业人"的身份参与实际工作,在工作实践中学习成长。学校安排学生白天到相关企业实践,让企业技术师傅对他们进行技术指导,以此来掌握企业设备的操作技能,真操实练,同时安排其晚上在校学习专业文化知识和专业技能,做到理论与实践的结合,进一步提高其专业素养,为其快速走上实习工作岗位服务。

②半工半读

半工半读是家庭经济贫困学生一边工作、一边学习的有效方式,它既能满足企业生产的需要又能满足学校教学的需要,还可促进农村劳动力的转移及实现劳务输出层次由体力型向技能型转变。上午在学校学习专业技能,下午到企业上班,晚上在学校学习专业文化知识,使他们既不落下专业技能、文化知识的学习,又通过工作获得收入得到经济补助。

(7)顶岗实习"轮训式"

校外顶岗实习也是校企合作的重要内容。在实习期间,学生的管理是人才培养的重点和难点,如高职院校积极加强学生顶岗实习管理体系研究,在校企共管顶岗实习管理模式实践的基础上,专项研究校企共管顶岗实习教育管理体系,形成制度。①签好一份协议书。学生顶岗轮训实习期间,学校、企业和家长、学生一起签订三方顶岗实习协议书,明确三方职责,共同管理好校外实习。②开通24小时就业服务热线。学校要求负责学生实习就业的部门开通24小时服务热线,帮助解决顶岗学生实训就业的疑难问题。③定期填好考核表。实习指导教师和相关领导部门要对实训学生定期进行阶段考核,对其实习期间言行举止、工作态度、业务学习、工作业绩等进行全面考核,并作为其在企业实习的薪金发放的基础,使学生对自己负责,形成约束力,杜绝以往管理松散的状况。④做好三个"跟踪"。一是跟踪管理,学生实习后,对他们的去向进行跟踪,企业内有师傅带领,有人事部主管或车间主任负责管理,做到有问题能及时沟通,与企业管理人员配合,及时将苗头性问题扼杀在萌芽状态。二是跟踪教育,即通过电话、上门走访、企业短期培训、社会调研等方式,对校外实习生进行爱岗敬业、企业文化教育,稳定其思想。三是跟踪服务,即对在校外实习工作中遇到的各种问题与用人单位协调解决,使学生在实习期间放心,用人单位满意。通过顶岗实习轮训,学生把所学到的理论知识和企业的生产实践相结合,在企业当了一次真正的工人,培养了独立处事的能力和吃苦耐劳的精神,提高了实际操作技能,为毕业后走向社会提供了良好的思想准备,为进入企业工作打下了扎实的基础。

随着本地经济形势的发展,学校、企业双方利益的契合点也有所不同。因此,在各个时期校企双方对校企合作模式的选择也有所不同。职业学校应在实践中探索、创新,只有注入源头活水,校企合作的模式才有旺盛的生命力。

三、校企合作的机制创新

校企合作的机制是指运行层面,包括院校与外部(政府、企业等)运行机制和院校内部运行机制。校企合作机制的设计要遵循教育与培训的基本原则,遵循平等互利的原则,遵循专业化分工和社会化服务的原则,遵循利益相关者权益平衡的原则,明确校企合作中双方利益与责任关系等。

(一)当前校企合作机制中存在的问题

1. 缺乏利益驱动机制

在校企合作中,企业付出的成本较高、责任较重,承担的风险也比较大,难以得到必要的成本补偿,相关优惠政策难以落实。在校企合作中,很多职业院校都希望合作的企业能够提供实训设备、与学校共建实习实训基地、为学生安排实习岗位等,企业为了与学校建立长期稳定的合作关系,就需要满足学校的要求,提供实习场地和设备、安排专门人员进行现场管理、挑选企业骨干员工对学生进行指导,还要给学生支付一定的实习报酬,为学生安排食宿等,不仅投入了人力、物力和财力,还可能影响到正常的生产经营秩序。参与校企合作的企业还承担着较大风险,学生生产经验少,难以保证产品质量,可能生产出次品甚至废品,实习生对企业生产操作规程不熟悉,存在发生工伤事故的安全隐患,这都会增加企业管理成本,甚至给企业带来经济损失。

由此,追求利益最大化的企业很难把"育人"融入自身价值链。

2. 学校教育管理机制改革未跟上

个别学校受传统观念的束缚,舍不得拿掉与校企合作人才培养模式不相适应的传统教育体制,在与企业合作的过程中顾虑太多,不敢大胆突破,仅局限于企业接收学生实习、实行"订单式"培养等方面,双方缺乏全面、深层次的合作,合作效益不明显。在人才培养过程中,企业参与度低,导致学生实践经验缺乏,对企业生产、管理环节不熟悉,岗位适应能力和动手能力差,难以满足企业的用工要求。

(二)校企合作机制创新的举措

1. 树立职业教育校企关系的新理念

(1)树立大职业教育系统观,变革职业教育校企合作制度

教育观念的转变是教育制度变革的前提。从教育制度构成上看,教育制度观念是构成教育制度的基础或教育制度体系产生与实施的合理性根据,是关于教育制度的基本概念与主要理念,它构成教育制度的价值基础,是教育制度不可或缺的重要部分。

目前,社会对职业教育的理解还较狭隘和局限,认为职业教育是教育系统的责任,企业承担教育的责任只是对在职员工的继续教育与职业培训。这种观念在行业企业中尤为突出,在这种观念的支配下,产业部门、行业企业参与职业教育的积极性和主动性都受到极大的影响,职业教育不能体现在产业发展、行业规划和企业战略中,表现为产业系统和职业教育系统的不和谐,即职业院校专业设置与经济发展需求的不匹配、毕业生就业率不高和"用工荒"的矛盾。

大职业教育系统观是职业教育校企合作制度的思想基础。大职业教育系统观始终把职业教育放在社会大系统的发展变化中,将职业教育与社会经济发展紧密结合在一起,把职业

教育系统与产业系统、职业学校与企业作为一个有机统一的整体,是注重职业教育校企合作整体性和开放性的观念。这是一种新的职业教育视野、新的思维方式,它要求无论是决策者还是实施者,都要重新认识职业教育,重新认识职业教育与产业、职业学校与企业的关系,树立"政府主导,校企一体化"的新理念。从大职业教育系统观出发,在职业教育校企合作的实践中围绕校企合作的多元利益主体,重新审视现行校企合作制度,找到当前校企合作中问题的制度根源,从而推动职业教育校企合作制度的变革。

(2)尊重技能型人力资本形成规律,构建校企一体化的合作体制

教育的最基本职能是培养人。职业教育既是一种教育活动,也是一种经济活动。作为教育活动,职业教育承担着培养技能型和技术型人才的重任;作为经济活动,职业教育是技能型人力资本形成的重要途径。长期以来,人们习惯于从教育活动的角度来理解职业教育。然而,在经济与教育关系越来越密切的今天,仅从教育角度认识职业教育就显得过于单一。因此,从教育和经济两个方面来认识职业教育,更能反映职业教育的本质。技能型和技术型人才的培养是从一个准员工开始到成熟的技能专家的过程,也就是从通用性技能型人力资本到专用性技能型人力资本的过程。在这一过程中,职业学校与企业是一个系统中两个相互依存的主体,在人才培养的不同阶段或人力资本形成的不同阶段发挥着不同的作用。离开了职业学校或企业任何一方,人才的培养过程或人力资本的形成过程就无法完成。所以,只有尊重技能型人力资本形成的规律,才能构建校企一体化的合作体制。

2. 加强职业教育校企合作顶层设计

顶层设计源于自然科学或大型工程技术领域的一种设计理念。它运用系统论的方式,是一种自上而下的总体构想和战略设计,注重规划设计与实际需求的紧密结合,强调设计对象定位上的准确、结构上的优化、功能上的协调、资源上的整合,是一种将复杂对象简单化、具体化、程式化的设计方法。顶层设计从系统和全局的高度,对设计对象的结构、功能、层次、标准进行统筹考虑和明确界定,强调从理想到现实的技术化、精确化建构,是铺展在意图与实践之间的"蓝图"。职业教育校企合作的发展已经经历了一个较长的探索期,现在需要进入制度化发展时期,制度化发展需要紧密结合经济社会发展的需求,对合作的目标、合作的路径进一步明晰,对合作中管理主体、实施主体、协作主体的职能进行明确定位,制定出系统的、可操作的制度和政策措施需要顶层设计。

(1)完善组织结构,全面规划设计职业教育校企合作

职业教育校企合作是一个涉及职业教育全局的战略性工程,这一战略性工程的设计规划和实施需要强有力的组织结构支撑。以职业教育校企合作指导委员会为平台,从国家的层面制定职业教育校企合作整体战略,全面设计规划职业教育校企合作。职业教育校企合作的顶层设计使校企合作系统中的所有子系统协调运行,产生整体效应。

(2)建立决策体系,统筹协调职业教育校企合作的利益关系

决策是利益相关者相互协调利益和意见的过程。职业教育校企合作具有多元利益主体,要协调各主体的利益,达到利益的均衡,需要建立职业教育校企合作决策体系。要建立

有效的决策关系网络,首先,各级政府在校企合作决策机制的制度设计上要保证决策过程中参与校企合作的相关各方有各种利益和意见都能够进行充分协商。这一决策过程既要包括教育部门、产业部门、财政部门等决策者,也要包括职业学校、企业、学术机构、研究院所等决策参与者,使决策成为决策者和决策参与者共同作用的结果,成为各种利益和意愿表达、整合和提升的结果。其次,要从制度层面科学地规范校企合作决策过程中各利益相关者的权利关系。科学界定决策过程中各利益相关方的权利关系和决策参与者的权限是保证校企合作决策实现充分协商的重要前提条件。重新分配教育部门、产业管理部门和人保部门在职业教育校企合作中的管理职能,将职业教育管理权力统筹到教育部门,职业培训考核与证书颁发管理权力统筹到人保部门,职业培训制度的管理权力统筹到产业管理部门。

3. 创新国家校企合作组织管理体制

要把加快发展职业教育摆在更加突出的位置,更好地支持和帮助职业教育发展的要求,应突破职业教育只归教育部门管的传统思维方式,成立政府层面的强有力的职业教育管理机构,由该机构对包括校企合作在内的所有与职业教育相关的工作进行规划、指导和协调,实现校企合作组织管理体制的创新。为确保该机构对各有关方面进行协调的有效性,其第一负责人最好由政府主要领导兼任。为使该机构准确、及时地了解情况,研究问题,做出决策,其组成人员不仅应包括政府所属的发展改革、财政、经济、人力资源和社会保障、教育等相关部门的主要领导,还应包括行业组织、与职业院校有合作关系的企业和职业院校的主要领导及有关专家学者。该机构应定期召开办公会议,确定工作任务,并成立常设办公机构,明确其工作职责,以加强职业教育的科学管理,特别是要处理好校企合作方面遇到的难题,使校企合作在新的组织管理体制下得到有力保障。

(1)重点完善企业参与职业教育的有关制度

职业教育校企合作中一个突出的问题是企业参与职业教育有关制度的缺失和不完善,主要表现在还没有将企业作为职业教育实施中的一个重要主体,没有让企业直接承担职业教育的任务,使企业处在职业教育责任缺失的状态。要解决这一问题,需要重点完善企业参与职业教育的有关制度,使企业教育职能制度化。因此,在原有企业参与职业教育制度的基础上,建议增加以下企业参与职业教育有关制度内容。

第一,确立企业在职业教育中的地位。在大职业教育系统观下,企业既是大职业教育系统中的一个主体,与职业学校一样,具有进行职业教育的责任;同时,企业还是大职业教育系统中实施系统中的一个实施主体,与职业学校共同实施校企合作。

第二,建立职业教育企业资格制度。职业教育校企合作的目的在于技能型人力资本专用化,技能型人力资本专用化这一过程对参与企业有一定的要求,如企业的规模、设备条件、企业技术和技能人员的素质、企业文化等,并不是所有的企业都具备参与的条件。所以,企业参与教育,必须具备一定的资格,建立职业教育企业资格制度。职业教育企业资格制度可以由行业协会委员会组织制定,制度主要有三方面的内容:一是认定标准和主要内容,二是认定的流程,三是相关配套激励和优惠制度与措施。认定标准是企业管理者与技术技能人员的素质、企业设备条件、培训场所条件等;认定流程包括企业申请、对企业进行认定评审、发放认定资格证书、定期考查复审等程序。职业教育企业资格制度的建立,一方面有利于规范企业职业教育行为,另一方面有利于促进和激励企业参与职业教育。

第三,明确职业教育企业的责任与权利。具有职业教育资格的企业应承担以下责任和权利:一是提供实习岗位。企业根据员工或岗位的比例提供一定数量的实习岗位,实习岗位应该覆盖企业的全部生产过程,并要求这些岗位具有一定的技能含量,核心技能岗位应占有一定的比例,同时实习岗位要与指导师傅相配套。二是承担用工责任。我国职业教育的就业导向特征决定了企业用工方式必须受相关法规的约束。推行广泛的、制度化的"订单式"培养模式,对没有承担订单的企业,也应要求企业优先接受职业学校毕业的学生。三是参与职业教育教学。在职业教育系统中,企业是技能型人力资本专用化中的一个主体,与职业学校分担不同时期不同的职业教育责任,企业只有参与到职业教育学校教学工作中,才能提高技能型和技术型人才的培养效率和效益,减少企业人才培养的成本,提高企业整体效益。四是承担培训员工的责任。培训旨在提高员工的水平,使其在技能上不断提高,在专业上不断进步。五是承担职业学校教师到企业实践的责任。六是企业享受的相应权利。职业教育企业享有对学生实习和就业进行考核的权利、根据企业实际需求和学生对实习岗位的贡献优先挑选优秀学生的权利、参与职业教育教学包括增加一部分企业文化和岗位要求的权利、在有条件的前提下自主办学和组织培训的权利等。

第四,规定职业教育企业应享受的优惠及处罚条款。国家通过立法制定优惠的经费、财政、金融和税收政策,保证校企合作中各方的收入受到法规保障。在原有减免税收政策的基础上制定职业教育企业提供实习岗位的制度,按照企业年收入标准,规定企业提供实习岗位的形式和方法,对达到标准的企业实行无偿提供实习岗位,对未达到标准的、提供国家急需特殊岗位的企业通过国家补贴提供实习岗位。为提高职业院校企合作法律效力,强化法律责任,制定必要的企业处罚性条款,确定处罚的主体、对象和方式,进一步明确企业责任和义务,增强企业职业教育的责任心和社会责任感。

职业教育内涵式发展所依赖的校企合作既关系着企业所需人才培养质量的提高,又关系着企业自身的持续发展,所以通过校企合作参与职业院校的人才培养是企业依照相关政策法规应承担的责任和义务。但是,职业院校与企业又各有其独立的经济利益。因而,为充分调动企业参与合作的积极性,应尽快落实国家关于对校企合作中有经济付出的企业予以经济补偿的政策规定。其具体办法是:先对校企合作中企业所付出的各种成本费用进行统计核算,然后由学校(公办)用财政划拨中属于校企合作项目的经费直接向企业支付,若该经费不足,其所缺数额就从政府相关部门应收取该企业的纳税额中扣除,以此作为企业支持职业教育的补偿。与民办院校合作的企业在其付出经费统计核算且校方支付出现缺口的情况下,也应获得跟与公办院校合作的企业大体相当的补偿。此外,对参与校企合作达到一定标准的企业可通过新闻媒体予以公布,并在其单位大门旁边挂牌公示,对表现先进的企业予以表彰、奖励和宣传,进一步提高其社会声誉。

4. 建立教育部门与产业行业协商机制

在技能型人力资本形成和积累的过程中,由通用性技能型人力资本向专用性人力资本的转化,需要从国家层面,对这一运行过程进行较为详细的规划和顶层设计。在大职业教育系统中,职业教育子系统与产业子系统之间需要建立协商机制,职业教育子系统与产业子系统之间的协商其实质是如何建立教育部门与产业部门和行业组织关系的问题。因此,迫切需要搭建职业教育与产业行业、职业教育与行业协会组织、职业学校与企业之间的工作平台,建立他们相互之间的协商机制。

(1) 建立职业教育与行业对话协商机制

职业教育是与经济社会发展关系最密切、贡献最直接、服务最贴近的教育类型,职业教育与行业的对话协商机制应以国家层面为主,通过制度的建立加强职业教育与行业的协作。建议在部委行业管理机构中设立职业教育管理部门或在相关部门增加职业教育管理职能,落实行业职业教育管理工作的开展;成立行业指导委员会,委员会由行业主管领导和部门组成,负责行业与职业教育的高层交流。通过行业管理机构中职业教育管理部门的设立和行业指委的成立,开设校企合作网络信息交流平台,开展网络办公,及时发布行业最新发展动态、行业技能人才培养和培训情况、供需变化等;建立定期例会制度,保持经常性的对话,促进职业学校教育的专业与行业企业岗位的对接、课程与职业标准对接、教学过程与生产过程对接,真正实现校企一体化。

(2) 建立职业教育与行业协会协作机制

在大职业教育系统中,行业协会是行业、企业的代表,其了解行业、企业的需求和发展趋势,独立于政府和市场之外。行业协会作为校企合作的一个协作主体,弥补了校企合作中政府和市场作用的不足,在行业、企业与职业学校之间发挥重要的资源配置作用。各类行业协会通过行业协会委员会进行协调,与职业教育部门和职业学校建立经常性的对话协商机制。首先,要健全行业协会组织,发挥行业协会的职业教育功能。从整体上看,行业协会还缺乏对职业教育的关注,缺乏主动参与职业教育的意识。因此,政府应把校企合作中的一些细节工作下放给行业协会,通过各种方式健全行业协会组织,让行业协会参与到职业教育的管理和决策中,加强行业协会的职业教育功能。其次,增强行业协会的自治。行业协会应相对独立于政府机构,真正反映行业、企业的现实状况和利益诉求,在职业教育校企合作规划制定、决策形成中发挥有效的作用。应从法规上明确行业协会在职业教育中的协作地位和作用,明确确立在职业教育中的权利,促使行业协会在法规保障下参与职业教育,发挥行业协会的职业教育功能。

5. 进一步完善政府投入为主的多渠道经费保障机制

职业教育校企合作的发展是职业教育事业整体的发展,涉及招生、教学、就业全过程,涉及基础建设、师资建设、专业课程建设等硬件和软件建设,经费保障是职业教育校企合作的根本,应进一步完善以政府投入为主的多渠道经费保障机制。第一,应建立稳定的公共财政投入机制。科学制定明确的财政性职业教育经费投入目标,及时调整和增加职业教育的投资比例,保证职业教育财政性经费、生均经费和生均公用经费相应增长,使经费投入与职业教育校企合作发展相适应。第二,应合理划分各级政府对职业教育投入的责任和比例,将职业教育经费纳入各级政府财政预算,按照投入的责任和比例,保持职业教育财政拨款持续增长。第三,不断增加职业教育非政府投入经费的比例,为各种民间资本的投入提供宽松的环境。充分发挥社会力量办学的积极性,改变政府在教育上承担无限责任的状况,把一部分教育责任转移给社会,强调政府和社会办学之间的灵活和多样化的合作。第四,制定鼓励和引导各种经济成分的企业投资职业教育的政策,促进企业对职业教育的投资。第五,建立国家职业教育校企合作发展专项基金,吸纳各种社会资金发展职业教育。鼓励支持民间以多种形式建立职业教育基金,并利用金融、税收、彩票、社会捐助等手段筹措职业教育经费。

6. 改革职业院校管理机制

(1)建立多渠道的筹集教育经费机制

一是争取企业的研究合作经费。由于国内学校都是采用年度预算方式进行拨款,各项预算资金的使用都有明确规定,不得跨项使用经费,导致自主支配不足。而自从有了研究经费后,职业院校可从研究经费收入中预留部分为发展资金,为年轻教师提供科研资助,鼓励他们更多地参与各种研发,以提高职业院校的整体水平。

二是共同出资成立合资机构。具有独立法人资格的职业院校与企业以股份制形式进行校企合作。企业以设施、场地、资金等多种形式向职业院校注入股份,校方以技术、科研、师资等折换成股价入股。教师以多元身份参与企业运营,担任企业的顾问,为企业的研发计划或技术瓶颈提供咨询意见,建立长期技术合作关系,分享企业股权,同时企业对学校的课程设计及研究计划也提供建议等,这样的校企合作模式可以使双方共享效益。

(2)建立企业参访及定期回访机制

职业院校的专业建设与市场需要之间存在着时间上的差距,很多时候职业院校费了精力进行专业建设之后,市场信息和技术等又出现了变化。为了使人才培养中教学内容和企业需要同步,就需要建立企业参访和定期回访机制。

企业参访即学生通过走访企业,了解企业及其业务。企业参访的具体活动包括学生搜集企业信息、选择被访企业、联络企业、参访计划、现场参观、记录参访内容、回报参访结果等。通过企业参访,学生能增强职业意识和从业责任感,同时企业也能发现学生的潜在素质和能力,从而达到学习和互动的双重效果。

定期回访即职业院校组织教师深入企业调研,调研内容包括专业教学与企业需要是否同步、课程设置与企业实际是否相容等。通过回访调研,职业院校能收集到企业负责人对专业建设的建议。在综合整理相关企业的建议后,职业院校可以组织相关专家、教授进行论证,在条件具备的情况下,根据企业实际需求有针对性地进行课程建设和教学改革。

(3)建立兼职教师管理运行机制

为了让培养的人才能更加符合市场需要,需要建设面向全市大型优秀企事业单位的兼职教师师资库。职业院校可以聘请这些企业的高层管理者和技术人员担任学校的客座教授；这些企业资深人员除了定期到学校开展各类演讲和交流活动外，还能积极参加学校的专业建设活动。此外，又能够担任在校学生的课外辅导导师，指导学生开展各种相关技术领域内的学术研究活动，使学生的实践和课程相结合，形成一种有利于学生成长的良好氛围。

(4)建立学生职业发展管理中心，助力学生走向社会

学生职业发展管理中心的概念是指服务于所有在读的学生，提供高质量的服务和资源，帮助学生获得职业生涯成功发展所需的职业素质和技能，使学生明确自己的职业发展方向，全面增强学生职场竞争的综合实力。成立学生职业发展管理中心，即搭建学生与雇主之间的桥梁，通过建立各种渠道来加强学生与企业间的交流与沟通，包括职业咨询、职业培训、邀请企业嘉宾参加职业主题沙龙等，组织学生团队进入车间，培养毕业生对企业的忠诚度，协助学生及企业找到适合的位置。

受到知识型社会对人力资本日益重视等多重因素的影响，教育市场正在经历着巨大的变化，这为校企合作的发展带来了巨大的动力。职业院校只有建立起市场化管理的机制，才能培养出符合市场经济管理的人才队伍，教学上、项目上，甚至合资、股份制形式的校企合作都只是一个开始，从长远看，符合市场经济规律和要求的职业院校群体逐渐形成以后，职业院校和企业之间的分工、合作都将达到一个新的高度。无论是企业参与教育，还是职业院校参与生产、制造和营销等经济活动，都会实现相当程度的专业化，从而为培养人才和科研做出更多的贡献。

(5)健全职业教育校企合作科研服务机制

职业教育校企合作的实践需要理论的指导，应采取有力措施，加强职业教育科研机构建设，加强校企合作的科学研究，推动校企合作的科学实验，形成完善的国家职业教育科研网络体系，建设一支具有较高素质和较强科研能力的职业教育科研队伍，加强对校企合作重大问题、热点和难点问题的研究，为职业教育校企合作的宏观决策、科学管理提供服务。第一，加强职业教育科研机构建设，形成国家、省、市、校四级科研网络体系，为职业教育校企合作提供决策咨询、实践指导等服务。尤其要注重国家层面科研机构的建设，切实发挥其在国家职业教育校企合作中的决策服务作用。第二，吸纳和邀请多学科科研人员，多视野研究职业教育校企合作。职业教育校企合作研究是多学科综合性研究，校企合作实践中存在的许多问题，涉及经济学、管理学、社会学等多学科，仅从教育视野进行研究，不能满足校企合作发展的需要。应针对职业教育校企合作发展的现状，邀请和吸纳多学科科研人员，共同研究职业教育校企合作。第三，加大职业教育校企合作科研经费的投入，保证科研经费投入相对稳定；重视职业教育校企合作科研成果推广，充分利用有关的职业教育杂志、网站和地方教育媒体，建立相对稳定的成果宣传推广渠道，宣传和推广职业教育校企合作科研优秀成果，并逐渐形成机制。

第二节　实践教学体系的新要求

随着知识经济时代的发展,高等职业教育通过培养高素质复合型技术技能人才,在现代生产和服务过程中扮演着重要的角色,成为推进社会变革和经济发展的重要力量,尤其是在创新驱动发展战略中发挥着不可替代的重要作用。当前中国经济进入新常态,发展动力逐步转换,经济的发展对科技、人才提出了更高要求。随着"中国制造2025"战略的实施,"双创"计划的逐步推进,中国制造不仅需要高水平的科学技术原创型人才的引领,也需要大量综合素质高、协调组织能力强的工程技术人才的支撑,更需要大批的高素质复合型技术技能人才的筑底,共同形成体系完备的"中国制造2025"多层次人才体系。

智能制造是"中国制造2025"发展战略的核心,需要大量熟悉产品生产和销售全生命周期各个环节(产品设计、概念设计、智能制造、知识产权保护、电子商务、物流供应链、移动服务、品牌设计等)的高水平复合型技术技能人才,形成完整的产业人才链。随着我国产业转型升级的不断加快和战略性新兴产业以及现代信息服务产业的高速发展,高等教育原本的按照某一学科组织和开展的教学体系以及高等职业院校按单一行业岗位组织的人才培养体系均存在明显的问题和不足,主要表现在学生知识零碎化、学校教学资源碎片化、学生职业变迁能力不强等方面。"中国制造2025"急需根据行业、企业发展需要打破传统学科边界藩篱,突出学科融合和知识系统性,增强毕业生岗位变迁能力,推动职业教育面向全产业链的人才培养模式创新。面向"中国制造2025",我国高等教育的教学理念、教学方法、教学手段、教学场地和实训体系都将发生深刻变革。

高职院校实践教学体系没有统一的标准和模板,需要各个高职院校结合自身办学定位、办学实力、专业特点,在对区域经济结构和产业发展对人才的需求进行深入调研的基础上,以国家政策要求和现代教育理论为指导,充分统筹校内外办学资源,建构符合校本特点和专业实际的实践教学体系。

一、高职专业群实践教学体系要素分析

高职院校专业群实践教学体系是一个复杂的有机整体,基于系统论视角,在运行过程中,各相关要素相互协调,各自发挥其作用,实现整体目标。

依据系统工程理论,一个完整的系统必须具备驱动、调控和保障等功能,才能有效和可靠运转。因此,根据系统工程理论相关观点,可以将高职实践教学体系划分为以下几个分体系:目标体系、内容体系、资源体系、管理体系、评价体系。目标体系在整个实践教学体系中发挥驱动和引领的作用,内容体系是目标体系的受动对象,是其具体化表现,管理和评价体系在实践教学系统中起到反馈、调控和纠偏的作用,而资源体系是整个实践教学系统的支撑体系。

(一)目标体系

高职实践教学体系中的目标体系主要是由职业教育实践教学人才培养总目标以及各职业院校各专业群培养目标来确定的,该目标体系更加重视学生实践能力的培养,是职业教育与普通教育的主要区别之一。因此实践教学是高等职业教育的重要组成部分,它是为实现职业教育人才培养目标而开展的,职业教育人才培养目标与职业教育的总目标是高度一致的,即培养高水平复合型技术技能人才,掌握专业相关职业岗位相关的知识、技术、技能、素养,培养正确的工作态度和职业习惯。各高职院校各专业(群)的培养目标按照一定的职业教育规律,以人才培养目标为指引,根据专业(群)特色、师资队伍、实训条件以及学生学习背景,由职业教育专家和专业教师共同参与制订,包括该专业(群)的人才培养规格、专业服务岗位定位、职业资格能力要求、职业素养要求、职业道德等。实践教学目标体系是实践教学的出发点,也是开展实践教学项目的落脚点。

(二)内容体系

实践教学体系中的内容体系由实践教学模式、实践教学方法以及实践课程开发组成。实践教学模式、实践教学方法的选择以及实践课程的设计与开发必须充分考虑在"中国制造2025"背景下政府、学校、企业的主体地位,不能盲目地仅考虑某一主体的诉求。高等职业教育的实践教学内容没有统一的标准,各个院校、各个专业群可以根据自身的情况与条件,制订相应的实训内容体系,指导开展实践教学项目。

(三)资源体系

实践教学体系中的资源体系主要包括"双师型"教师队伍资源、实训规章制度、学习传统等软件资源体系以及实训基地设施、设备、场地等硬件资源体系。其中职业院校实践教学师资主要分为三个类型:一是实验指导教师团队;二是实训指导教师团队;三是实习指导教师团队。职业教育一方面需要培养学生掌握解决实际问题的能力,另一方面需要帮助学生形成正确的价值观、人生观,培养良好的工作态度,这些都离不开高水平的师资队伍。职业教育实践教学的教师团队既要有较强的教育教学能力,又要有良好的职业道德,还要有丰富的实践经验和专业技术技能,即高素质"双师型"教师。

实训基地是职业院校开展实践教学的主要场所,实训基地的实训设备与教学设施建设具有重大意义。职业院校实训基地一般分为校外实训基地与校内实训基地两类。校外实训基地一般在企业。职业院校与企业达成实训协议,通过校企合作的方式让学生前往企业进行实践活动,帮助学生掌握技能、认识岗位、培养兴趣、培养积极向上的学习态度。传统做法是学校将部分实训基地直接建立在企业车间内部,学生可以在教师的安排下定期或不定期地前往车间参加工作和学习,获取所需专业实践知识。而校内实训基地一般是校内建立的一些专业(群)相关实训室,学生在学习完理论课后,由实训教师或专业课教师带领完成实训课程学习,或者是先实践训练再学习理论知识,通过理论联系实践的交叉学习促使学生掌握专业知识和岗位技能。

(四)管理体系

实践教学的管理体系能够有效保证实践教学的工作效率和教学质量,相比于理论教学,实践教学环节在人力、财力、物力方面投入更大,教学过程更复杂,教学管理的可控性相对较差,这些原因导致实践教学往往难以达到预期效果。因此,必须建立完善的实践教学管理体系,用于保障校内实践教学管理和校外实训教学管理的有序高效开展。

(五)评价体系

实践教学的评价体系一般包括课内知识教学效果评价、技能掌握情况的评价、职业态度的评价、拓展学习评价以及岗位实习评价。每一种评价都包括对应的评价标准、评价内容、评价方法、评价主体、评价权重等要素。评价标准一般来自两个方面:首先是实践教学目标,这也是学校培养学生实践技术技能和职业态度的重要参照标准。其次是职业资格标准,它来自社会、行业、企业对学生将要从事的职业岗位的要求。评价方法是指采用某种方法收集、分析、处理评价数据和信息。实践教学具有复杂性,因此,评价方法也多种多样,需要依据具体的实训项目而定。评价内容则是指评价的对象,主要包括学生的知识、技能掌握情况,职业态度、道德素养培养情况等,随着社会的进步与发展,职业院校实践教学的评价内容将提出更高要求。评价主体是实训教学设计、组织、实施、分析、总结评价的主体,包括政府、学校、行业、企业、教师、学生等,实践教学的复杂性也决定了评价主体必须多元化。

二、高职实践教学体系应有特征

随着社会、经济、文化的发展,实践教学体系不断地进行着自我完善,在此过程中,它需要反映社会经济、技术的发展要求,同时也要受职业教育人才培养目标、职业院校教学条件的制约。科学、合理、高效的实践教学体系是实现高等职业教育人才培养目标的重要基础。通常,科学、合理、高效的实践教学体系应具有以下几个特点。

(一)明确的教学目标

实践教学是职业教育中的关于职业实践技能的教学,其教学目标指向十分明确。实践教学目标一般可分为两个层次:一是总体目标,主要是培养学生的职业素养和职业岗位综合能力、解决问题的能力,以适应企业岗位的实际需求。具体到各个专业群和专业方向,实践教学总体目标应更加明确、定向和具体。二是分阶段目标,实践教学按照教学过程可分为基础课实践学习阶段、专业基础课和专业方向课学习阶段、毕业实习阶段等。不同的教学阶段对应的教学阶段目标也各有不同,但不管是处于何种阶段,都要求实践教学具备明确的教学目标,作为实践教学项目和具体实践任务开展的出发点与落脚点。

(二)动态的教学内容

实践教学与理论教学的侧重点和开展方式具有较大差异,职业教育专业理论教学主要是对专业知识的积累与传承,而专业实践教学是对生产过程工序的讲解、岗位操作技能的传授与训练,因此,二者的教学内容也具备明显的区别。实践教学内容与专业一线岗位生产技术紧密联系,随着行业产业技术的发展和改革,实践教学的内容也需要不断地更新、调整和进步,实践教学内容是随着市场的要求不断动态变化的。

(三)灵活的教学方法

教学方法是教师将知识、技能、职业态度传授给学生所采用的教学方式,好的教学方法可以实现事半功倍的教学效果。新时代的职业教育实践教学过程更加注重教师的言传身教,强调学生的动手操作能力,强调团队的分工合作。职业教育实践教学目标的明确性、教学任务的多样性、教学内容的动态性,共同决定了职业教育实践教学方法的灵活多样。目前,职业教育中最常见的实践教学方法包括实践项目法、情景法、角色扮演法、案例分析法、虚拟仿真法、小组讨论法、任务引领学习法、以赛促教法等。

(四)"双师型"师资团队

实践教学的特殊性决定了实践教学教师团队必须具备良好的专业操作技能和较高的教学水平,即"双师型"教师,高素质"双师型"教师是实践教学目标得以实现的重要保障。在实践教学过程中,教师既要了解所教科目的教学目标和教学内容,采用恰当的教学方法进行理论知识教学,还要具备该科目的实践能力。通常来说,实践教学环节与理论教学环节是相辅相成的,实践教学环节的专业教师应了解学生的学情背景,了解专业岗位技能最新的发展趋势,同时还应具备较高理论水平和扎实的教学功力,才能将自己的技术真正传授给学生。因此,近年来国家提倡建设"双师型"教师团队,要求各个职业院校将"双师型"教师团队的培养当成职业教育改革的重中之重。

(五)开放的实训基地

职业教育中实践教学的实训基地不同于普通教育的实验室,职业教育的实训基地需要一种真实的职业岗位环境,以便更好地实现教学效果。职业院校实训基地教学环境的真实性、教学设备的先进性、教学对象的特殊性决定了职业教育实训基地具备开放性特征。职业教育实训基地开放性体现在两个方面:首先是职业院校校内实训基地对学生的开放。由于实训课程、课时比例加大以及学生的认知水平具有一定的差异性,职业教育实践教学要求实训基地能够尽量延长开放时间,使得学生可以根据自身需求进入实训基地操作,完成教学任务和相关作业,掌握专业必备技术、技能。其次是企业车间对学校的开放。职业教育的本质特征决定职业院校必须坚定不移地走产教融合、校企合作的办学模式之路,职业院校受自身条件的限制,它不可能建立特别大型的、完善的实训基地,也不可能随时依据市场需求调整和改进实训室,因此学校必须依托企业车间开展校企合作,建立校外实训基地,使职业教育实践教学能够在企业车间顺利开展。

第三节 专业群实践教学体系的构建

一、高职专业群实践教学体系的构建原则

高等职业教育实践教学体系的构建方法及过程应该与其他层次和类型的教育有明显区

别。一个好的实践教学体系必须考虑多种要素的综合作用才能高效运行。因此,在设计和构建过程中要能够遵守整体性原则、全面性原则、实践性原则和前瞻性原则。这些原则是在综合了高职专业群实践教学体系的特点和功能的基础上提炼和总结出来的,概述了构建高职实践教学体系的主要要求和目的,是各高职院校专业群设计和建构实践教学体系需要考虑到的一般性原则。

(一)整体性原则

高等职业教育的实践教学体系是一个复杂的有机系统,在这个系统内,各个参与要素相互作用、相互影响、相互协调,需经过合理的统筹兼顾,才能使实践教学达到预期效果。高等职业教育实践教学体系由实践教学目标、实践教学方法、实践教学内容、教师、实训场地、实训设备等要素构成,只有对这些要素进行合理组织,才能为学生提供良好的实训环境和条件。

高职院校实践教学体系的整体性原则主要体现在如下几个方面:第一,要求高职院校从人才培养目标出发,依据学生的知识背景和认知特点,确定实践教学的主要内容和方法。第二,在教学认知方面,需兼顾理论教学和实践教学。理论教学是实践教学的基础,与实践教学具有同等地位,二者既相互独立又具有兼容性和统一性。第三,在高职院校实践教学过程中,要充分考虑各要素的特征及相互关联性,实践教学内容需要由易到难,实践教学方法应丰富实用,实践教学过程应从强调基本技能掌握到重视岗位群技能掌握,循序渐进地展开。

(二)全面性原则

实践教学体系全面性原则是指必须较好地满足学生专业学习的各项需求。

主要有以下几方面内容:首先是实践教学体系的功能全面。实践教学体系需要满足行业、企业多元化发展对人才的需求,因此在实践教学环节应尽量培养学生解决复杂问题的能力,这也要求实践教学体系必须具备较为全面的功能。实践教学体系的构建需要将培养学生的职业操守和实践能力放在突出位置,同时也必须重视学生职业素质的培养。职业素质包括良好的职业道德、团队协作精神、奉献精神、大局意识、质量意识、创新意识和服从意识等,这些职业素质的养成过程和途径是构建实践教学体系时必须充分考虑的。其次是实践教学体系的内容全面。实践教学体系的内容一般包括教学目标体系、实践教学设计体系、实践教学资源体系、实践教学管理和评价体系,每一个子体系都是实践教学总体系不可或缺的环节。在设计和建构过程中,要充分考虑各子体系之间的相互关系和相互作用、实践教学与理论教学的相辅相成,从而使实践教学体系内容建设得更完善。

(三)实践性原则

实践教学体系是职业院校进行实践能力培养的载体,实践出其知,这是职业教育的一般规律,也是职业教育与普通教育的重要区别。因此,对实践教学体系的构建应立足于培养实践动手能力的本源,凸显实践性原则。高职院校实践教学体系的实践性原则主要体现在实践教学课程、实践教学环节、实训规则等方面。

实践教学课程的设计与开发是通过对职业岗位实践能力的需求调研分析,确定实践教学目标及内容,并按照实践教学内容来计划、组织、安排、实施、评价实践教学活动,最终达到培养学生专业实践能力和职业素养的教学目标全过程。实践教学课程设计与开发首先要开展行业经济需求调查,重点强调实践教学课程的一线实践操作需求。

实践教学课程内容也体现实践性原则。实践教学的主要目的是培养学生的岗位实践能力,要依据专业对应的一线岗位对技能的要求,设计和制订实践教学计划,采取实验、实训、实习等教学形式提高学生的实践能力。无论哪种教学模式都强调培养学生的动手操作能力和独立解决问题的能力,因此,实践教学过程处处都体现了实践性原则和特点。

实训基地分为校内实训基地和校外实训基地两类,是培养学生技术技能的重要场所。实训基地的建设,应尽量与工作环境保持一致,或者接近于真实的工作场景,营造出职场的气氛,在教学过程中融入企业文化与交往方式教育,增强学生的职业意识。实训基地的设施、设备要具有可操作性,强调实践课程和教学内容的针对性,满足实践教学的各项需求。

(四)前瞻性原则

职业教育具有一定的滞后性,实践教学尤其明显。学生入学至毕业存在一定的时间差,但对某些专业来说,行业技术发展日新月异,在职业院校学习的内容远远赶不上行业发展需求。因此高等职业院校实践教学体系必须具有先进性与一定的前瞻性。随着科学技术的发展和科学成果的不断更新,行业、企业对人才的实践能力需求变化也在加快,职业院校要想培养出更多适应社会经济发展需求的复合型技术技能人才,就必须不断更新和完善实践教学的内容、开展方式、训练项目等。同时,学校还应该加强与企业的合作与交流,紧跟企业生产技术更新的步伐,完善专业(群)设置,及时更新专业课程内容,聘请企业一线专家和高级管理人员,将最新技术发展情况和行业动态传递给学生。

二、高职实践教学体系的理论构建方法

实践教学体系的构建采用系统理论方法,分析职业院校学生的需要,确定实践教学目标和实训任务体系,整合各种教学策略与资源,制订实践及教学工作任务及解决方案,开展教学评价活动,并在评价基础上进行改进和调整,从而使实践教学过程不断优化。系统论方法早已被运用于教育领域,用于解决教育领域的问题,使教育系统具有最佳配置。基于系统论方法的职业教育实践教学体系构建具体操作步骤如下。

(一)确定实践教学系统目标

教学目标是指在教学活动结束后学生的知识水平和能力应达到的预期状态。根据系统教学设计逻辑,教学始于存在问题,而问题表明现状与预期效果之间存在一定的差距,学习过程就是缩小差距的过程。依据职业岗位所需的能力素养,确定课程教学内容,并依据职业院校具体情况和专业特点确定学习资源。实践教学体系的教学目标发源于专业(群)人才培养目标,总体来说,是培养适应专业一线岗位生产、建设、管理、服务所需,德、智、体、美全面发展的高水平复合型技术技能人才。专业不同,学生职业能力培养的侧重点也会不同,实践教学体系的构建内容应充分围绕专业(群)人才培养目标。

(二)选择有机运行系统的组成

高等职业教育实践教学体系的教学目标确定后,就可以制订相应的教学任务,之后就要考虑高职院校所能提供的教学条件与教学基本方式、制度、评价体系等。基于职业能力本位的实践课程体系、"双师型"的教师队伍、校内外一体化的实训基地、理实一体化的实训室、项目化的教学方法等教学资源组成的实践教学体系,是完成实践教学目标的基础,将这些教学资源进行有机组合,形成一个有机运行系统,是实现专业教学目标的必备条件。依据系统论方法原理,实践教学体系是一个完整的有机运行的系统,这个系统具有驱动、受动、评价、调控和保障功能,能使体系有序、高效、平稳地运行,从而实现预期教学目标。

(三)对系统运行效率进行检验和调整

对系统的运行效率进行检验,主要是指对高职实践教学体系的运行状态和效果进行评价,评测实践教学成果是否达到预期。实践教学成果的检验一般应遵循以下三个原则:首先是岗位贴近度,主要评价教师教学活动是否符合高职人才培养目标或就业岗位需求,是否结合行业企业相关岗位开展教学工作;其次是专业(群)贴近度,主要评价课程改革或教学任务是否与所设专业(群)相一致,是否能运用专业知识解决专业相关实际问题;再次是训练的实效性,主要考虑课程改革或教学任务对每一个学生是否具有针对性,以及考虑教师能否针对高职学生的实际水平进行对应内容和特点的实践教学。高职院校实践教学体系是一个复杂、有序、动态调整的有机系统,在实际教学中能够发现问题,根据实际情况进行调整和修改,自发地调整至更好的运行状态。

综上所述,在构建高职院校实践教学体系过程中,合理地运用系统理论与方法可更加清楚地掌握实践教学系统内外各要素相互关联、相互影响、相互作用的条件和变量,考察实践教学体系的运行过程,以便随时做出合理的系统调整,从而实现更好的教学效果。

第五章

高职产教融合专业群建设与机制运行

第一节 专业结构优化与资源库建设

一、调整和优化专业结构

(一)结合产业结构特点,优化专业设置结构

现今,高职院校的专业群建设的过程中存在着专业设置结构与产业结构存在着一定的不匹配的问题,有相关学者以广东省为例,对当地的高职院校的专业设置情况进行了调查,发现当地的高职院校中的第三产业的专业设置结构、布局结构等均比第三产业的产业结构以及人才和岗位需求要高,而从第一产业和第二产业的专业设置和布局方面来看则是远远不够的。从这一现状调查中也看出,高职院校在专业设置上要适当地控制院校内第三产业的设置数量,减少类似于文化教育大类、财经金融以及电子信息大类的相关专业设置,对于一些布点数较多的如计算机应用技术、物流管理电子商务和会计专业等的设置也可以同样地在专科专业中开设。总的来说,在人才培养的目标和层次上不能偏离高职教育的特色。必须着重突出实用性和实践性特点,从而突出职业教育的优势,以更好地适应产业结构的变化。

在教育部的《关于全面提高高等教育教学质量的若干意见》的文件当中,对高职院校的专业设置的相关要求进行了确定,其提出需要不断适应经济发展的需求,对专业进行灵活的设置和调整,让其专业设置体现高职教育的优势和特色。从这一文件的提出中也可以看出来,职业院校的专业设置必须以当地的经济发展情况以及对技能型人才的需求情况为基础和重要的设置指标,以不断地调整专业的结构使其更好地适应产业结构的发展。

具体来讲,为了不断适应产业结构的优化和升级,首先,要对第二产业专业结构进行优化。工业是我国创造财富的支柱性产业,不断提升我国第二产业的综合经济实力也标志着我国逐渐从不发达走向发达。因为一个国家的工业化的发展情况也同时表现出这一国家的经济发展的综合国力。在我国北方很多地方,相对第一产业和第三产业来说,第二产业是比较发达的,因此针对当地经济的具体发展情况,可以相对地对其专业设置和专业群建设方向进行一定的调整。以唐山、天津为例,其属于港口城市,当地的工业也比较发达,对于当地的高职院校来说可以着重设立一些与其产业结构相匹配的专业,及时地对现存的不合理的专业结构进行调整。比如可以设置一些航道工程技术专业、轮船工程技术专业等,对于一些区域的高新技术产业的发展情况,当地的高职院校也可以重点发展相应的电子信息以及生物技术和软件发展等产业。很多较为发达地区的高职院校的生源都属于外地生源,因而针对这一具体的情况,可以在基本满足这一地区的专业机构调整优化的前提之下,在进行专业设置时着重适应生源就业的需求,大力发展一些办学基础深厚、生源报考人数比较高以及具有较好的就业前景的专业。

其次,在专业设置的时候除了要重视第二产业的发展,还必须要根据各个区域的发展特点,着重发展第三产业服务业,在专业群的建设过程中增强第三产业的适应性。在一些发达

城市,如北京、上海、广州等地的第三产业也比较发达,其服务业的发展规模也在不断壮大,这些地区的高职院校在专业设置的时候,除了要根据当地的经济发展情况的特点相对应地设立一些第一和第二产业的专业之外,还应该大力建设与第三产业服务业相关的一些专业。而第三产业的专业设置主要集中在电子信息和金融类专业方面,要不断扩宽第三产业的发展渠道,深化其发展内涵。以市场营销专业为例,可以继续进行逐步地细分,与当地区的经济发展的具体产业相结合,可以发展复合型产业。在高职院校的教学过程中强调培养专业的复合型人才,以更好地适应当地社会经济的发展。

我国服务业发展的主要方向是现代服务业,因此从这一方面来说,要不断加大现代服务业的专业设置比例。我国现代服务业主要依托于现代管理的先进理念以及新兴的服务业,是信息技术与服务产业相互融合的产业。高职院校在进行专业群的建设调整设置专业的过程中要加快发展新兴服务业相关的形态下的专业,比如移动通信服务、生态产业、健康产业以及教育培训和国家商务等专业的设置。同时要加快发展应用信息技术下的传统产业不断优化改造所衍生出来的一些新兴的服务产业,如证券、银行、保险、房地产等。

(二)建立专业预警机制,提高专业集聚度

高职院校的专业建设与人才培养规律的周期性与市场机制调节的时效性具有根本性的矛盾。因此,要想学校的人才培养赶上市场需求具有一定难度,要达到人才的供需平衡势必需要政府建立专业预警机制,从而提高专业建设与人才培养适应产业结构和劳动力市场的发展变化。专业预警机制是政府要积极搭建学校与行业、企业人才供需平台,教育主管部门对职业教育的专业设置的调控系统,可以预测今后一段时期内行业和企业对人才的需求情况,有别于目前全国各高职院校使用的"管理平台",这是一个可以动态调节的系统,有助于提高专业设置的针对性和实效性。

在每个学校可以建立一个专业预警机构,这个专业预警机制应该是职业院校为了自身可持续发展以及特色化建设而成立的一个专门的内部机构。专业预警机制包括三个部分,一是信息预警,二是响应系统,三是保障体系。三个部分承担相应的职能,如信息预警系统最重要的环节就是人才供需预警,人才供需的信息资源主要来源于政府搭建的人才供需平台,把握好这方面的数据,还要获得各行各业对人才需求的预测信息,对人才供求市场发展规律做出客观预测。了解相同院校的专业设置情况,避免专业建设过分集中。响应系统是利用信息预警的材料进行分析,对学校的专业进行社会性效益分析,对被警报的专业设定"红、黄、绿"三个级别,红牌专业是就业率低、设置重复率高的专业,黄牌专业是人才需求市场逐渐趋向饱和、走下坡路的专业,绿牌专业是就业前景良好、需求旺盛的专业,收集信息并形成初步专业建设意见,如果每所院校都拥有这类型的信息,在专业设置上可以把握主动权,重点发展绿牌专业,黄牌专业谨慎发展,红牌专业限制发展。保障系统是保障学校专业特色化发展必不可少的辅助机制之一,它包括三个内容,一是学校发展定位和战略,二是专业设置调整,三是对所设专业进行跟踪和反馈。总之三个分系统之间的工作是相互协调和促进的,保障系统的信息可以进一步为信息预警提供新的信息,响应系统通过分析已有的信息进行决策,保障系统进一步执行决策和提供详细信息。

（三）适应产业结构调整，系统培养技术技能型人才

产业结构的变化影响着高职教育的专业结构。劳动力主要分布在工业、农业、服务业中，这就决定了高等职业教育的结构，技术员、准专业人员在高职教育体系中也要被视作独立的职业群。各类专业发展要与产业结构变化紧密结合，加快培养产业结构急需的技术技能型人才，最终实现"校校有特色、生生有技能、人人有出路、从业到城镇"的良好格局。以较为独特的甘肃省为例，甘肃省实施的"3341"项目工程，目标要实施三大基础建设，打造三大战略平台，瞄准四大产业方向，涵盖了甘肃的工业、农业、服务业等方方面面内容，为甘肃的高等职业教育专业化建设指明了方向，而甘肃省的高职高专院校要抢抓这一项目的建设和运行，积极开设土建大类、资源开发与测绘大类、交通运输大类、材料与能源大类、气象与安全大类、文化教育大类等专业，适应良好机遇下对技术技能型人才的需求。为了贯彻落实"3341"项目工程的建设步伐，高等职业教育也开始抢抓机遇，开展了兰州新区教育现代化建设行动、院校协同创新行动、职业教育推进城镇化建设行动等行动。充分发挥教育在经济社会发展中的先导性、基础性和全局性作用，优先发展综合性职业教育，建设经济欠发达地区职业教育改革实验区，大力培养应用型技术技能型人才。

（四）加强专业群建设与区域经济发展、产业结构调整的紧密动态联系

高职教育的一大特点在于所培养人才的就业方向是生产一线，因此地区经济发展前景、相关产业结构调整趋势的变化决定了所培养人才的技能水平的要求。专业群体系应依据这一变化趋势及时调整专业群内部各专业或专业方向的设置，通过联动体制的建立，使高职院校所培养的人才具备复合性及实用性的特点，充分满足相关行业对高素质人才的需求。

第一，在专业群建设的起步阶段，需要以重点专业为核心，从而推动各专业及专业方向的发展，进而促进专业群建设。但所带来的问题是核心专业因受到院校的重点关注，使已有教育资源向其倾斜，而其他专业和专业方向在进行教学资源及师资力量配置时受到削弱，这就使得专业群的均衡性受到影响，使专业群的发展在某些方面呈弱势状态，限制了专业群所培养的人才在技能水平上的平衡性与复合型。

第二，要以专业群名称设置专业大类。高职教育的专业目标是由专业大类、专业类和专业名称三部分组成，目前大部分高职院校在进行专业群建设时都是以专业类或专业名称即所谓的"小专业群"来进行规划的。而设置专业大类群可以使所建设专业群既能保证整体的稳定性又能具备调整的灵活性，所谓"整体的稳定性"即群内各专业具有公共的基础课程，而"调整的灵活性"就是根据各个专业方向的需求的变化来设置不同的专业课程。此种专业群建设的形式，不仅可以保障学生基础能力的深度，又可以培养学生针对具体岗位需要的调整能力。这一建设形势可以根据行业的人才需求的变化，灵活机动地调整专业群内各专业或专业方向，使之与经济发展及结构调整相适应，进一步提高教育资源共享程度，促进专业群建设的整体进步。

第三，要强化专业群建设的共享观念。专业群建设的目的是通过整合优质教学资源，建设资源共享体制，从而提高教育资源的利用效率。为达到这一目的就要求专业群的建设与管理人员具备"群"的意识，即共享意识，在进行教学安排及课程设置时时刻考虑群的要求。

专业基础课教师要充分了解所面对的相关行业岗位群的需求,根据岗位群对人才需求的具体要求来规划专业基础课程的教学配置,极力强化群内各专业在课程设置上的联系,从而使所培养的学生不仅具备深厚的专业基础知识,更使其具有良好的岗位适应能力。实训课的指导教师不仅要对本专业有深厚的指导能力,同时对专业群内其他专业有着深入了解,从而在进行本专业的实践指导过程中深入联系其他专业的实践内容,树立并强化专业群的建设与管理人员和广大师生的"群"观念,进一步深化教育资源的共享程度。

第四,改变专业群组织构成及职责划分。在进行专业群时要求进一步密切专业教学和行政管理两者的联系,因此以教研室、院系为基础的传统院校行政管理组织形式已经不适应当前高职教育的要求,通过打破原有的管理结构,破除行政分割,建立以大教研室观点为中心的高职教育管理体系。这就要求高职院校在进行专业群建设之初就要确立以市场为导向实行企业化运作的观念,推行经营型管理的方针,在这一方针下推行"系主任领导下的专业群经理负责制"。所谓专业群经理就是指教学管理理念企业化,具有卓越的管理能力和丰富的专业实践指导经验,并以这样的专业人才作为专业群带头人。而"系主任领导下的专业群经理负责制"就是指在系主任的整体领导下,以专业群经理的企业化管理方法为指导,对专业群的发展方向、师资力量的培养、实训基地的建设等方面进行整体规划,完善院校工作流程和评审制度,对所拥有的教学资源、人员、资金的进行科学合理的分配,保障教学组织和运行的平稳有序,以此来确立高职院校复合型人才的培养体系。

二、创建优质共享专业教学资源库

教学资源是有效开展课堂教学的前提与基础,在信息化时代的今天,教学资源显得尤其重要。课堂教学中,教学对象千差万别,教学情境千姿百态,教学内容丰富多彩,教学过程变幻无常,这一切都使教学呈现出多姿多彩的面貌。有学者提出通往优质教学的主要途径"是课堂教学资源的优化,表现为教学逐渐树立起资源的意识和观念"。可见,教学资源对提高课堂教学效率与质量的影响力越来越大,是中职学校开展专业课教学的基本条件。教学过程中教师是否提供与课程内容相匹配的资源、是否有效地利用这些资源,学生通过对这些资源的学习是否更扎实、更深入地了解和理解所要掌握的知识与技能已经成为教学评价的重要观察点。

目前,从专业群层面如何开展教学资源建设是一个重要课题。基于对专业群资源的整合性认识,利用信息技术优势,创建优质共享专业教学资源库是专业群资源整合的应有之义。所谓专业群共享型专业教学资源库,是基于云储存或云计算平台实现教学资源整合与共享的一种方式,即将音频、视频、图片、动画、案例、课件、习题、网络信息、仿真软件及虚拟实训室/实验室整合到专业群共享资源平台,成为直接为专业教学活动服务并支持教学活动顺利开展的"途径"和"载体"。它充分发挥网络技术对专业课程的支持优势,实现了计算机网络与专业教学资源的有效整合,给学生的学习和教师的教学带来了极大便利。它既反映了教师对教学资源的认识和教学方法手段的提升,也反映了教师对现代信息技术的驾驭能力,体现了教师教育理念以及学生学习方式的变化。

(一)基于云储存或云计算的共享教学资源体系架构

在利用云储存或云计算平台之前,学习资源种类复杂、系统平台开发以及专业的独立性,导致各专业教学资源的开发完全出于满足本专业的需要,从而使教学资源处于一种零散的状态,各教学资源系统之间缺乏关联,容易形成信息孤岛。此外,各教学资源系统功能较为固定、可扩展性差,往往不能满足专业不断发展的要求,造成内容模块重复开发,导致教学资源整合系统面临教育资源浪费和开发周期过长等问题,对实现资源优化配置产生了障碍。

基于云储存或云计算的共享教学资源体系架构是满足专业群教学活动的需要、避免软件重复开发、整合有效资源和提高软件开发速度的有效方法。云计算主要是指对数据进行分布式的处理以及进行网格式的计算发展,透过数据网络将比较庞大的数据计算处理程序自动化地分拆成无数个比较小的处理子程序,然后交给庞大计算系统中的多部子服务器,经过一系列的计算和分析,再将处理后的结果回传给计算用户。互联网的发展为教学资源实现云存储的现代架构模式提供了技术支撑,并对数据存储层、数据管理层、数据服务层以及数据应用层起到了促进的作用,从而逐渐形成了统一管理和统一服务的教学资源整体式云存储系统,这样就可以对教育资源进行合理的利用,同时为专业群内部自建云存储系统提供了强有力的依靠。

硬件资源层是云平台的硬件基础,包括服务器、存储设备以及交换机等。云平台管理引擎将物理硬件资源虚拟化成一个高可用数据中心。云存储管理引擎、云桌面管理引擎、云应用管理引擎则构建相应的存储云、桌面云和应用云。逻辑资源层是由管理引擎从数据中心中创建的逻辑资源,是组织成池的方式。访问入口层是存储云、桌面云、应用云入口访问对应的逻辑资源,统一入口可访问所有逻辑资源。访问设备层包括台式机、便携式电脑、客户端、平板电脑、智能手机等,可以安装 Windows、Linux、Android、Mac OS、iOS 等操作系统。

1.虚拟化桌面

桌面是指用户的整个计算环境,包括操作系统、驱动程序、应用程序、软件补丁、配置数据、用户喜好和代码文档等,用户在台式机、便携式电脑等个人计算机上搭建自己的操作环境,也就是传统本地桌面。但是,这种 IT 架构带来了很多挑战,如访问和管理等。

云桌面管理引擎通过虚拟化技术,允许将多个物理服务器虚拟化成一个高可用的数据中心,进而在数据中心中创建各种类型的虚拟机。某些虚拟机可以作为虚拟服务器,以利于将财务系统、学校各应用系统、数据库等原生系统转移到虚拟化环境,从而大大提高服务器利用率;某些虚拟机可作为虚拟桌面,用户可以随时随地连接到自己的虚拟桌面,使用其中布设好的计算环境。

虚拟化桌面平台当前提供的主要功能包括数据中心管理、集群管理、网络管理、宿主机管理、存储管理、虚拟机管理、模板管理、映像管理、虚拟机池管理。

管理员登录云桌面管理引擎,创建独立桌面或共享桌面,并分配给各个用户。最终,用户可以使用台式机、便携式电脑、瘦客户端、平板电脑甚至智能手机等登录云桌面管理引擎,查看分配给自己的云桌面,并通过网络连接协议远程访问和使用云桌面。

2. 虚拟化应用

在使用个人计算机进行工作时,需要运行应用程序对数据进行访问和处理。目前,应用程序必须安装在本地,这种传统的应用交付方式会增加程序管理上的麻烦、存储空间上的浪费以及病毒感染的风险。另外,对于某些有版权使用限制或者有特殊硬件要求的软件来说,在本地安装运行无疑是行不通的。

通过虚拟化应用技术,用户无须在客户端本地安装应用程序,传统的应用程序平台兼容问题、程序管理问题、版本维护问题、病毒感染问题等均迎刃而解。此外,用户运行云应用,可以选择自动挂载本地客户端的驱动器或者自己在存储云中的数据,从而很方便地对数据进行处理。目前,云应用实现架构涉及集群、服务器、应用程序、管理应用、用户等。

云应用管理引擎能够将部署在应用服务器上的应用程序,在服务器范围或集群范围内发布为云应用,并将这些云应用交付给最终用户。云应用管理引擎支持发布物理服务器或者虚拟服务器上的应用程序,还支持发布 Windows 操作系统或者 Linux 操作系统中的应用程序。

用户登录云应用管理引擎的用户入口,即可查询授权给自己的所有云应用。授权用户可以直接运行这些云应用,如同运行本地应用程序一样。

3. 虚拟化存储

当前云存储技术快速发展,人们获得大量存储空间的免费网盘已经是很普遍的现象。但在日常工作中使用公有云盘,敏感数据存储在第三方服务器上,处于企业控制之外、IT 管理制度之外甚至是国家之外。这些都是潜在的数据泄露和信息安全风险,很可能会带来巨大的危害。

虚拟化存储管理引擎可以帮助企业搭建自己的"私有云",为每个用户分配一个云存储空间。用户可以通过浏览器访问云存储空间的文件,可以实现客户端与云存储空间的数据同步,也可以将云存储空间挂载为客户端的一个磁盘,直接编辑其中的文件。这就不必像其他网盘一样,必须先将文件从云存储下载到客户端进行编辑,然后再上传到云存储中。

此外,云存储管理引擎可以让用户安全地在互联网上分享自己的文件,也可以建立一个共享的文件夹,方便所有被授权的人向其中上传文件,或者协同编辑某个文档,以便进行快捷访问、快速分享、协同工作等。

使用台式机、便携式电脑、瘦客户端、平板电脑、智能手机等,都可以通过浏览器访问用户的云存储空间,执行上传、下载、查看、分享等操作。

(1)通过同步客户端接入

虚拟化云存储同步客户端是一个安装在电脑上的桌面程序,配合云存储管理引擎使用,当前支持 Windows、Mac OSX 以及各种 Linux 发行版。这个客户端可以实现以下功能:①在电脑上指定一个或多个目录,将其中的数据同步到云存储服务器;②总是确保同步最新的文件,不论它位于电脑上还是云存储服务器。

通过同步客户端,对主机上任何已同步文件的改变将被自动应用到云存储服务器的文件上。

同步过程保持两个不同仓库中的文件相同。在同步时,如果文件被添加到一个仓库,它将被拷贝到另一个同步仓库;如果一个文件在一个仓库中被改变,这个改变被扩散到任何同步的其他仓库;如果一个文件在一个仓库中被删除,它将在另一个仓库中也被删除。这是同步和文件备份的主要不同之处,备份系统并不删除文件和文件夹,除非显式删除。

在同步过程中,客户端周期地检查两个仓库的改变,这个过程被称作同步运行。在两次同步运行之间,本地仓库被文件系统监视进程进行监视,如果有文件被编辑、添加或删除,就立即开始一轮同步运行。

(2)通过移动客户端接入

云存储安卓客户端是一个安装在安卓设备上的应用程序,配合云存储管理引擎使用。这个客户端可以实现以下功能:①在安卓设备上浏览云存储服务器中特定账号下的内容(文件和文件夹);②将安卓设备中的文件上传到云存储服务器的特定账号下。

(3)将云存储挂载为本地磁盘

无论在客户端还是在云桌面,无论使用台式机、便携式电脑、平板电脑还是智能手机,都可以将云存储挂载为本地磁盘。

(4)客户端接入

管理员可以从任何管理控制台登录到虚拟机服务器执行管理任务,例如创建桌面或桌面池、制作模板等。用户可以使用台式机或便携式电脑来访问云桌面,也可以部署瘦客户端来访问云桌面。

用户可以通过台式机、便携式电脑、瘦客户端、平板电脑和智能手机等接入云平台。台式机、便携式电脑和瘦客户端通过交换机与虚拟机服务器部署在同一个局域网,平板电脑和智能手机等移动设备则通过无线路由器接入。

4.虚拟化服务器

云主机即虚拟化服务器,可以便捷地进行虚拟服务器资源申请、管理、监控、快速部署应用,并根据需求动态弹性扩展资源,为学校各应用系统提供高可靠的虚拟服务器。

云桌面管理引擎通过虚拟化技术允许将多个物理服务器虚拟化成一个高可用技术的数据中心,进而在数据中心中创建各种类型的虚拟机。某些虚拟机可以作为虚拟服务器,以利于将各应用系统、数据库等原生系统转移到虚拟化环境,从而大大提高服务器利用率。

①服务器整合。通过将多个工作负荷合并到单个硬件平台上,从而降低设备损耗、服务器运行和冷却的电力消耗,并减少服务器所需空间。

②正常运行时间最长化。通过划分工作负荷,可以防止一个应用程序影响另一个的性能或导致系统崩溃,甚至不稳定的老旧应用程序也可以在安全的、独立环境中运行。

③有效的服务器维护。在尽量不影响运行的前提下,灵活地在物理服务器之间转移工作负荷,无须中断服务即可完成计划的服务器维护工作。

④简化设置。可以加速工作负荷资源的添加,并从硬件获取进程中分离出来,在高级虚拟化环境中,自身即可提供工作负荷要求,从而导致了动态资源分配。

(二)专业群共享资源平台架构

教学资源整合系统分为WEB层、服务层、服务组件层、数据访问层和数据层五层。

1. WEB层

WEB层是系统提供的与用户进行交互的界面,由表示层和控制层组成。WEB层是基于MVC框架进行设计,由JSP/HTML、Servlet实现。用户通过WEB层向系统进行数据请求,并在WEB层输入相应的请求参数,返回结果也是由WEB层表示。

2. 服务层

服务层是系统业务逻辑的封装实现,主要包括课程资源服务、精品课程资源服务、系统其他服务,通过服务组件的封装,形成可访问的服务模块,便于业务流程的实现。

3. 服务组件层

在服务层中实现的服务组件是粗粒度的服务模块。在服务组件层中,各服务模块被细化为细粒度的服务,以实现某项功能。在该层需要调用SOA架构中涉及的SOA组件,融合不同系统的教学资源,通过封装实现数据交互的接口。

而对于新开发的教学资源模块,则利用SDO进行数据库的访问。

4. 数据访问层

数据访问层提供与底层数据的访问交互。在与数据进行交互的接口封装与服务组件中实现服务组件通过调用组件对数据层进行访问。

5. 数据层

数据层为系统进行数据资源的存储和管理,为系统提供数据进行交互。系统的功能结构是在对用户分析和系统功能分析的基础上设定的,教学资源融合系统主要分为个人管理、系统管理、资源管理、资源浏览、资源统计五个模块,其中资源管理和资源浏览是教学资源融合系统的关键功能,并且重点关注资源利用。

(三)利用专业群共享资源平台整合教学资源

依据专业群人才培养目标,整合群内所有教学资源(分学习指导、演示文稿、教学录像、案例库、试题库、实训与实习资源、常见问题解答、文献资料八大类)。

教学资源的优化配置应遵循优效、公平及平衡的基本准则。在教学资源的配置中,支持教学活动开展所需要的主客观要素均能成为教学资源的来源,其中教师在教学资源配置中是最具能动性的主体,采用专业群和教师组成的混合型资源配置方式是较为合理的路径选择。教学资源的配置效益与教学品质的提升密切关联。

但是,在现有单一性专业背景下的数字化教学资源建设只着眼于本专业的教学需要,使用率比较低,一旦该专业被调整或关闭,这些教学资源就失去其使用价值,如果继续保留,就会变得僵化。与实践教学体系建设一样,基于专业群背景下的教学资源建设通过整合,相近专业师生都可以开展共建共享。这种基于专业群的教学资源明显更具稳定性,使用效率也明显提高。即使创办新专业,由于专业属于专业群的范畴,专业领域乃至岗位(群)也有相似之处。所以,利用专业群共享资源平台整合教学资源,通过共享明显提高教学资源的使用价值,使教学资源的生命力大为增强。以教师备课为例,若没有专业群教学资源平台,教师备课缺乏教师之间的协作,更缺乏教研室之间的协作。通过教学资源平台,这种"老死不相往来"的局面自然就被打破了,沉淀在资源库中的教案不断得到激活和有效利用。

(四)形成专业群教学资源共建共享的运行机制

所谓专业群教学资源共建共享的运行机制就是群内各种教学活动在教学系统的整体架构下,建立教学资源的保障性机制、动力性机制与调节性机制,即通过有效的激励手段,使教师持续保持参与专业群教学资源建设的兴趣,用蚂蚁搬家的精神不断为专业群教学资源库添砖加瓦,不断积累专业群教学资源库的使用方法,充分发挥群内各专业(专业方向)课程教学资源的作用和价值,形成教学合力,优化教学效果,形成新的、具有良好协同性的教学生态系统,以实现专业群的教学目标,具体做法包括以下几方面。

1. 制定教学资源库建设标准,确保专业群共建共享无障碍

专业群教学资源库平台的构建主要从教学资源的采集、发布、使用三个层面展开。为此,应制定教学资源库的分类、功能、标准、规范,以及教学资源制作的技术要求和资源质量评价的指标体系,所有教学资源只有达到这些标准与技术要求,通过系统审核后才能上传。同时,应根据专业群的特点,对各种来源的教学资源进行标准化分类整理,便于群内各种教学资源的检索与查询。还要统一资源门户,实现无缝对接,防止教师重复上传资源。同时,通过即时通信、数据开放、应用开放和移动应用平台,向全体师生提供一站式服务,以确保专业群共建共享无障碍。

2. 充分利用教学资源库的功能优势,整合专业群内外各种资源

整合、辐射是教学资源库在功能上的最大优势。社会产业结构的升级换代、行业企业岗位技术与岗位要求的变化、学生学习方式的转变,要求教学资源库的功能和内容不断更新。所以,在资源平台建设和维护过程中,要吸引行业企业专家、技术能手、教育专家深度参与,充分发挥专业带头人和骨干教师的作用,不断整合专业群内外各种资源,及时更新教学资源库的内容,调整和扩充教学资源库的功能,使其更有效地服务于专业群的专业教学活动。

3. 成立教学资源建设团队,建立具有活力的长效激励机制

教学资源库建设属于学校的一项基础性建设工程,不仅需要资金持续投入,更需要建设人员的持续投入,以使教学资源库建设方案优化、资料收集、编辑制作、学习指导、信息资源管理等保持长期性和不间断性。为此,必须建立具有一技之长,由行业企业专家、技术能手、教育专家、专业带头人和骨干教师组成的教学资源建设团队,并建立和不断完善教学资源建设激励机制,充分调动参与建设人员的积极性与创造性,保证专业群共享资源平台有效运行。

4. 在体制和机制上落实责任部门,统一规划与协调管理

有的职业技术学校的做法是把教学资源库建设责任落实到教务处,学校科研室进行指导,信息中心提供技术支持。这样,责任部门不仅要做好教学资源库的建设与维护,还要引导教师强化资源意识。在教学设计中充分利用好教学资源库中的资源,在教学过程中开展基于教学资源库的多层次的教学互动,这就从组织上为教学资源库的运行、更新与发展提供了可靠的保障。

第二节 专业群管理运行机制

一、建立科学合理的管理运行机制

管理运行机制是指一个社会组织单位（国家、地区或经济社会单位与部门）管理系统的结构、功能及其运行机理，包括引导和制约决策，以及与人、财、物等相关的活动的基本准则及相应制度，是决定管理功效的核心因素。管理机制一经形成，在相应的组织内部就会按一定的规律、秩序，自发地、能动地诱导和决定组织的行为。但是，机制是由组织的基本结构决定的，只要改变组织的基本构成方式或结构，就会相应改变管理机制的类型和作用效果。中等职业学校专业群管理运行机制应包括学校专业群建设指导委员会指导下的学校专业群建设管理运行机制、各专业群建设运行机制、常规教学管理运行机制、各专业园区管理运行机制四大部分。

专业群管理是一种内运动过程，因此建立专业群运行的制约机制非常重要。制约机制的形成，一要靠制度，二要靠督查反馈，即从管理上要形成封闭性回路系统。如果封闭性回路系统没有建立，管理上的制约机制就成了一句空话。专业群建设是一个系统工程，在组织框架、人事安排、岗位责任制度、待遇薪酬等方面应该有系统的制度性安排，对制度的执行要有及时的反馈，这样才能使专业群建设按照人才培养方案及建设实施方案的要求处于可控的有序运转状态，以保持专业群的可持续发展。

学校专业群建设管理运行机制在组织结构上一般包括专业群建设指导委员会和专业群建设工作领导小组。专业群建设指导委员会主要由校长、行业企业专家代表和专业带头人等组成，主要职责是对学校的专业群布局、结构优化调整、发展方向及改革重点等提出意见。专业群建设工作领导小组一般由校长牵头，由分管教学校长、专业部（群）、教务处、科研处、学生处、市场部等相关部门负责人组成，主要职责是根据专业群建设指导委员会提出的意见，对学校专业群建设进行决策和工作部署。学校教务管理等相关部门具体负责落实学校有关专业建设的决策意见，全面组织实施专业群建设工作，如牵头制定学校专业群建设指导意见，建立并不断完善学校专业建设管理制度，组织协调各专业群开展市场调研，制订专业群建设实施方案、专业群人才培养方案及专业群建设成果评估方案。

各专业群建设运行机制主要包括课程教材建设运行机制、校企合作运行机制、师资队伍建设运行机制等。专业群层面应建立相应的专业群建设专家委员会或专业群教学指导委员会，指导本专业群的建设与发展，聚焦课堂教学，深入开展教学内容、方法与手段的改革。专业群在专家委员会或教学指导委员会的指导下，科学制订专业群建设实施方案及专业群人才培养方案或专业群教学实施方案，借此确定专业群人才培养目标及人才培养规格，构建专业群人才应具备的能力（技能）结构体系与之对应的课程结构体系，明确包括校企合作、师资队伍建设、教材及课程资源建设、教学条件建设等在内的专业群建设思路及建设举措等。按照专业群建设实施方案及专业群人才培养方案要求抓好师资队伍建设、课程资源建设和教学条件建设,积极主动地推进工学结合、校企合作,扎实开展课程教材及课堂教学方法手段与评价方式的改革,不断提高人才培养质量。专业群主任是专业群的关键,学校应加强培养。专业群主任应阶段性深入行业企业调研和实践,要利用一切可能的机会参加行业的各种业务活动,及时了解行业企业的发展变化,并且具有先进的教育理念,具备扎实的专业功底和专业教学功底,协调好各种关系,能够带领本专业群教学团队建设好本专业群,并取得显著的教育教学效果,培养出受行业企业欢迎的合格的专业技能人才。

常规教学管理运行机制关键是建立以课程组织为基础的专业群教学管理机构,主要职责是推进专业群日常教学工作的开展,保持专业群内正常教学秩序。从相近专业资源集聚到培养模式改革,最终体现在专业群内专业相互关联的课程组织,与职业发展阶段相对应的不同课程门类是构成专业群课程师资团队的基础。核心专业是专业群建设的重中之重,通过核心专业把握专业群发展方向,协调专业(方向)设置及课程资源,建设优秀教学团队,组织专业群职业领域基本工作任务和课程建设。专门化方向是群内最活跃的教学组织单位,以此为基础的课程团队是专业群发展的主要力量,依据产业发展和市场需求,持续更新课程内涵,引导学生进入发展方向,并将其带入更高的职业发展阶段。专业群之间的资源并非完全独立,以资源联系为纽带的教学管理组织单位需要协调群间资源的共享,并为学生选择专业学习方向提供服务,为专业群内学生发展提供良好环境。传统常规专业教学管理模式下一般都建立了稳定的专业教研组,而专业群以平台和模块课程教学为中心组建教学团队,虽然没有传统模式那样稳定,但教学团队有了更多的交流机会,这其实非常有利于教师教学能力和水平的提高,这些都是专业群常规管理人员应该树立的基本理念和掌握的基本知识,要在此基础上制订专业群的教学计划,并按计划组织开展教学活动和教研活动,协调好各个方面的关系,确保专业园区教学活动正常、高效地开展。

专业园区管理运行机制从组织架构上看比较简单,一般都由学校行政或总务科室总体负责,由其统一派驻专职人员,按照学校相关管理制度实施,以确保专业园区有安全、整洁、有序的生活环境,保证教学和生活必需品、餐饮及水电的正常供应,做好园区设施设备的保养与维修,等等。近年来,各校进行了引入社会专业化服务的尝试,有很多成功的案例值得推广。

二、群内专业动态调整机制

高职教育产教融合涉及高职院校、行业企业、政府、行业协会、劳动力市场等多方利益主体,在构建高职教育产教融合运行机制的过程中,需要综合考虑多方因素,实现多方主体间利益的共赢,促进产教融合高效、有序地开展。这里主要从办学主体、教学质量及资源投入三方面探究高职教育产教融合运行机制有效运作的对策措施,从办学主体出发,高职院校要结合自身发展现状和特色坚持教育学原则,构建健全的自组织机制;从教学质量出发,高职院校要契合劳动力市场需求,注重培养质量原则,构建健全的人才供求机制;从资源投入出发,高职院校要发动地方政府、行业企业、行业协会及社会机构和团体等多元主体的积极性,遵循市场发展规律原则,构建灵活的资源调控机制。其中,健全的自组织机制为高职教育产教融合的发展提供了基础,健全的人才供求机制为高职教育产教融合的发展提供了动力,灵活的资源调控机制为高职教育产教融合的发展提供了保障。

(一)坚持教育性原则

"教育性"最早于19世纪由德国教育学家赫尔巴特(Herbart)提出。他认为在教育教学中,教学与道德两者缺一不可,应将两者有机结合到教育中,应遵循教育性教学理论。在高职教育产教融合中,教育教学的关键在于对"教育"的理解和把握。人是教育的对象,教育的本质是一种培养人的活动。产教融合作为高职教育的一种办学模式,仍需遵循教育的本质属性,需坚持教育性原则。所谓教育性原则是指从事高职教育及在高职教育产教融合过程中,教育工作者除需有意识地对受教育者完成知识传授、技术技能培养外,应承担培养受教育者综合素质及通用能力的职责。

高职教育需要与行业企业开展产教融合的重要原因在于实现技术技能型人才的培养,满足行业企业、劳动力市场对人才的需求。在高职教育产教融合运行过程中,坚持教育性原则的目的在于防止以纯粹的职业技术技能训练代替高职教育。教育与训练具有本质的区别:教育注重人在精神层面的转变,重在育人;训练注重人在技能层面的提升,重在练技。坚持教育性原则要防止简单地把人工具化为机器。训练学生短期、单向的职业技能,有助于学生适应未来职业发展所需能力的培养。因此,在高职教育产教融合过程中,要建立科学合理的教育教学质量评定体系,出台量化通用能力及综合素质能力测评的标准,且通用能力及综合素质能力占据一定的比例。此外,需要有一支高素质、高技能、高水平的"双师型"师资队伍,要求"双师型"教师既要具有广博精深的理论知识、较强的动手实践能力,又要具有高尚的人格、较强的育人意识和能力,保证教育性功能的有效发挥,确保教学质量的提高。

(二)注重培养质量原则

质量是组织机构、体制机制等事物发展的根本前提和动力。菲利浦·克劳士比(Philip B. Crosby)认为质量是指符合要求,而不是主观和含糊的"好"或"卓越"等,应当用客观的"符合与否"作为判断质量的标准。在评价事物质量时,涉及符合性、适用性及经济性三个层面。符合性是指事物是否符合相关质量标准,适用性是指满足用户使用目的的程度,经济性是指事物或产品的性能情况。在高职教育产教融合过程中运用质量原则,用符合性、适用性及经济性三个层次去检验产教融合人才培养质量情况。用符合性检验人才培养与市场用工需求间的匹配程度,用适用性检验所培养人才是否适应行业企业相应岗位具体工作,用经济性检验人才将创造的经济效益情况。在高职教育产教融合中,注重培养质量原则包括注重高职院校自身人才培养质量和产教融合培养质量。高职院校人才培养质量影响着产教融合培养质量。

以广东省为例,高职教育人才培养与市场用工需求间存在较大差异的原因包括以下两方面:一方面,广东省作为产业经济发展迅速、产业转型升级较快的地区,其技术技能更新迅速,行业企业要求人才不仅要具备较高技术技能,而且要具备不断学习和提升自身技术技能的能力。高职教育作为以育人为本的教育活动,培养周期较长,难以跟上行业企业的更新速度。另一方面,受社会文化及历史传统因素影响,高职院校的认可度不高,学生生源质量不高。在一定程度上,由此形成的学习氛围不强,学生缺乏内在学习动力、外在学习氛围,导致高职院校人才培养质量难以提高。高职院校只有提高教育教学质量、提高毕业生社会影响力,才能提高自身社会地位,吸引行业企业参与积极性,提高高职教育产教融合合作深度。

此外,高职院校注重产教融合质量的原则不仅体现在高职院校自身专业设置、教学层面、管理质量等微观方面,还体现在高职院校在宏观上将产教融合办学模式提高到一定层次,合理开发和运用高职院校自身与行业企业的优势资源,提高为高职院校学生、行业企业、政府及社会经济发展服务的能力。同时,不能不顾实际,盲目地与企业合作,为了产教融合而产教融合。高职院校要避免片面追求合作行业企业的数量、合作的规模以及合作的速度等短视行为,应在保持自身优势资源、提高自身质量的同时,注重提高与行业企业、商业协会以及培训机构等多方主体合作的质量及合作的深度,注重与地方政府、行业企业、商业协会等主体形成互利共赢,注重可持续和长远发展,注重兼顾社会效益和经济效益的合作关系。

(三)遵循市场发展规律原则

毋庸置疑,高职教育的发展与产业经济的发展密切相关。高职教育的发展既源于经济社会的发展需求,又推动着经济社会的前进与发展。我国相关职业教育法中曾提出,要建立健全适应市场经济发展需求的高等职业技术教育制度,使市场性成为高职教育的天然和必然属性。同时,高职教育人才培养是否具备市场性、是否符合市场发展需求成为评判高职教育教学质量的标准之一。当前,我国实行社会主义市场经济,要求高职教育的人才培养活动置身于市场环境中,因此,在高职教育产教融合过程中,需要遵循市场发展的规律,确保高职院校培养的毕业生与行业企业的人才需求相适应。高职教育作为一种教育类型,应保持自身的相对独立性和特殊性,确保所培养的毕业生是具备创造价值的人力资源,而不能被简单地等同于普通的资源或商品。这不仅直接关系到毕业生能否符合市场需要、能否为企业创造价值、能否促成产教融合的持续发展,也关系到毕业生就业情况、职业生涯发展状况以及高职院校自身的生存状态与发展前景。

为提高高职教育产教融合的质量,高职院校必须遵循市场规律,密切联系行业企业,了解行业企业的发展动态、技术瓶颈、人才需求等状况。作为高职教育产教融合合作主体之一的行业企业受诸多主客观因素的影响,包括行业企业内产品生产和社会服务、政府相关政策法规等,企业参与产教融合热情不高。为吸引企业的参与、赢得发展资金,高职院校应主动与行业企业靠近,在改善自身人才培养质量的基础上,争取提高企业参与高职院校产教融合的积极性和主动性,承担更高的产教融合潜在风险,承担更多的产教融合任务和职责。此外,从市场性出发,高职教育产教融合的发展过程应是高职院校与行业企业等多元主体间资源的相互利用和相互依赖的过程。高职院校与行业企业等多元主体间应基于互补性稀缺资源,形成互利互惠、相互依赖、共同发展的良性动态互动关系。因此,高职院校应在行业企业等多元主体利用和依赖高职院校设备与学生等优势资源的同时,对企业、商业协会、政府等相关部门的优势资源加以利用,如利用人力资源和社会保障局的统计数据,借助第三方机构分析劳动力市场人才需求情况、高职院校人才与市场需求间的匹配情况,预测未来人才需求情况,等等,实现产教融合质量的提高,实现合作关系的持久开展,实现"产""教"的共同发展。

三、校企合作协同育人机制

由于高职教育的特殊性及资源投资主体的多样性和灵活性,在高等教育产教融合过程中,需要构建灵活的资源调控机制。一方面,经济的发展形势要求高职教育面向市场,并根据市场的发展及需求情况,调整高职院校办学定位、办学层次及教学模式等,拓宽高职院校资金来源渠道。另一方面,高职教育具有相对独立性和特殊性。首先,影响高职院校办学的因素不仅有市场需求和市场竞争,还有政治、法律、文化、历史传统等多种非竞争因素。其次,高职教育人才培养主要定位于培养适应于劳动力市场及企业发展需求的人才。适应性是高职教育人才培养的主要特性之一,但是,作为特殊产品的人,其价格和供求不具备普通产品的灵敏性和精确性,其需求价格与供给价格难以用简单的标准进行评判。最后,行业企业对人这一特殊人力资本的期望更高,随着产业经济的发展,企业不仅要求人力资本具备普通的生产和再生产能力,更注重人力资本具备创造和开发能力。产业经济发展迅速,对人才技术技能的需求变化快。高职院校对人才的培养不仅要考虑与当前劳动力市场需求相契合,还要为未来产业发展将产生的需要做必要储备。这些因素均会影响到政府、行业企业、行业协会、银行等主体对高职院校资源投入的稳定性,影响高职教育产教融合持续、稳健的发展。在高职教育产教融合运行中,需要构建灵活的资源调控机制,具体可从以下几方面着手。

(一)以政府为主导构建资源调控机制

在高职教育产教融合资源调控机制的构建过程中,政府应发挥主导作用,联合行业企业、高职院校、行业协会等共同研究和构建有利于高职教育产教融合持续开展的资源调控机制。高职教育人才培养的主要任务之一是培养技术型、技能型及操作型专门人才。因此,政府应发挥主导作用,积极推动企业参与高职教育产教融合。首先,政府应积极推动行业企业以设备投入、场地投入、资金投入等形式参与到高职教育产教融合中,出台相关政策条例,确保行业企业对高职教育产教融合资源投入的稳定性和可持续性。其次,政府应加大对高职教育产教融合过程中资源的监督监管和指导。政府应主导成立资源监管和指导委员会,委员会成员可由政府相关部门负责人、行业企业产教融合负责人、相关产业经济界专家、高职院校相关负责人等组成。委员会通过提意见、参与及监督监管的形式,参与到高职教育产教融合资源使用中,确保资源使用的公开、公正和高效,继而提高行业企业再投资资源的可能性和积极性。最后,政府可通过对行业企业相关工作岗位人员进行培训,出台降低或减免企业税等优惠政策激发行业企业投资高职教育产教融合的积极性。

(二)以企业为辅助构建资源调控机制

在高职教育产教融合资源调控机制的构建过程中,应充分发挥"产""教"主体之一的行业企业的力量,协助政府部门发挥其宏观主导作用。首先,行业企业应协助政府,协同高职院校、行业协会,拓宽高职教育产教融合资源来源渠道。行业企业作为经济活动体,对资源来源和投资有更丰富的实践经验和更科学的认识。行业企业协助作用的发挥有利于解决高职教育产教融合资金来源问题。其次,行业企业应协助政府,协同高职院校、行业协会,统筹规划高职教育产教融合运行中资源的使用和管理,借鉴企业资金运转模式,丰富产教融合中资源的使用和管理办法,协助政府出台相关管理条例办法,实现资源的高效利用。最后,行业企业应协助政府,协同高职院校、行业协会以及社会机构和团体,建立多渠道高职教育产教融合经费筹措机制。以合作企业为代表,以经费投入等方式参与到产教融合中,同时动员其他企业开展高职教育产教融合的积极性,实现多主体参与办学、参与教育投资。

(三)以市场为导向构建资源调控机制

人才培养与劳动力市场用工需求间关系的实质是高职院校人才培养与劳动力市场需求间的供求关系。市场经济的核心是利用价值规律及供求关系以获取经济效益。高职教育产教融合运行机制的行为主体包括政府、高职院校、行业企业、学校学生以及其他需要技术服务的用人单位等,又涉及包括学生生源市场、劳动力市场及技术市场在内的三个主要市场。在高职教育产教融合运行中,各主体、各市场间关系错综复杂,各主体间利益需求不尽相同,各市场间资源供求关系不平衡。因此,要实现高职院校与市场需求间的平衡,就要做到高职院校资源与市场资源的平衡。这就需要构建以市场需求为导向的资源调节机制,有效处理行业企业与高职院校间利益冲突和矛盾。一方面,根据市场发展现状,调整高职教育产教融合运行中现有资源的配置。高职教育产教融合的发展需要根据现有劳动力市场对某类人才的需求程度,增加或减少人才培养的规模和数量,并随之适当增加或减少该类人才培养的资源投入。另一方面,根据市场未来需求情况,调整高职教育产教融合运行中资源的配置。高职教育产教融合应根据未来企业将产生的人才需求情况,新增或取消某些专业的人才培养,并随之增加新增专业所需硬软件设备及资金的投入,逐步减少或转移被取消专业的硬软件设备和资金投入,提高资源的经济效益和利用率,提高高职院校办学质量。

四、共建共管行业学院机制

自组织机制是指作为主要办学主体之一的高职院校,在与社会大环境进行物质与信息交换过程中,通过产教融合等内在子系统的相互协调作用,自行调整高职院校内部结构,提高其适应经济社会、劳动力市场发展需求的能力。随着劳动力市场经济的不断发展与成熟,现有高职教育教学模式所培养的人才难以满足产业经济发展对人才的需求,这要求高职院校主动适应产业经济的调整与发展,不断调整内部结构,如优化专业设置、完善课程结构、调整人才培养方案以保持与社会经济发展的平衡。通过高职教育产教融合,高职院校能更高效地了解劳动力市场对人才类型的需求情况、产业发展对人才技术水平的要求等。因此,高职院校在与行业企业构建产教融合合作关系时,应在市场的宏观调控下,不断适应市场形势,建立起适合自身发展需要的自组织机制。要使自组织机制在高职教育产教融合运行中发挥重要作用,应从以下几方面着手。

(一)根据产业发展,优化专业设置

产业的不断调整和发展必然导致对人才类型、人才层次需求的不断调整。高职教育产教融合合作目标之一是降低高职院校人才培养与劳动力市场需求间的不相匹配度。这就要求高职院校有一个有序健全的自组织机制,以优化和调整其专业设置。首先,要求高职院校根据产业发展需要,确定其教育模式和培养目标,以区域经济龙头产业以及产教融合合作企业、行业协会等为引导设置专业。其次,专业的设置与调整要充分考虑地区相关产业的职业岗位群的发展和需求情况。最后,专业的设置、调整与优化要"宽窄并存"。高职院校不仅要设置针对性强、专业化程度高的"窄"的专业,还要考虑拓宽高职院校专业口径,设置更"宽"的专业,加强高职院校的适应性。

(二)根据职业标准,完善课程体系

课程体系在高职教育的发展中起着举足轻重的作用,是人才培养的基础环节,是实现高职院校人才培养目标的前提和基本条件。高职教育专业课程内容与职业标准对接是我国提出的"五对接"之一,可见专业课程体系的重要性。同时高职教育产教融合的发展需要完善这一对接,实现高职院校课程内容与合作行业企业职业标准的对接,实现高职院校所培养毕业生与企业工作岗位的无缝对接。因此,高职院校需要根据行业企业职业标准,构建高职院校课程体系。首先,高职院校课程的设置要以就业为导向,根据相关专业对应行业企业岗位需求,有针对性地设置课程内容。其次,高职院校课程应根据市场用工需求,设置毕业生职业能力的培养目标,保证课程内容具有一定的先行性特征。再次,高职院校课程设置要以培养应用型人才为主要目标,提高实习实训课程的比例。最后,高职院校需要及时调整和更新课程内容,提高学生职业能力培养的针对性。

(三)根据市场需求,提高办学灵活性

劳动力市场对人才最直接的需求是毕业生能实现由学习向工作岗位的直接转变,实现学生与员工的无缝对接。简而言之,企业需要能直接上岗工作的"成品毕业生"。同时,随着高职院校专业设置与企业职业分工的细化,劳动力市场对高技能人才培养提出了更高要求。目前,部分高职院校的教学仍重理论、轻实践,这一教学形式与我国提出的高职教育教学过程要与企业生产过程相对接的实际需求不相符,不利于学生实际动手操作能力的培养,不利于高职院校毕业生由学习向工作岗位的转变。因此,要根据市场需求,改革现有教学法,加强项目教学法、任务驱动教学法等实操性强的教学方法的应用,提高学生动手实践能力。此外,适时适量安排学生参与产教融合合作企业的实际生产过程,让学生接触到真实的企业生产环境,以利于学生到员工的转变。借助产教融合办学模式,发挥高职教育办学灵活性,有针对性和指向性地面向就业市场需求培养人才,适当调整人才培养模式、教学方法等。

五、大类招生与转专业机制

从教学质量出发,高职院校应契合劳动力市场现有及未来将产生的用工需求情况,构建

动态的人才供求机制。实现高职教育人才的"供"与劳动力市场用工的"求"的供求平衡是高职教育产教融合的重要目标之一。供给与需求是产教融合的两个基本要素,实现供需平衡是产教融合有效运行的基本条件,也是实现市场经济有效运行的重要基础。高职教育人才供需涉及两个不同的层面,即社会经济发展需求与高职院校发展需求,两者分属于不同层面的不同组织,应协调两者间供需关系。基于现代发展观,在高职教育产教融合的过程中,要充分、合理地发挥计划经济这只"有形的手"进行调节。同时,需要在产教融合过程中根据市场经济发展现状,建设并运用动态的人才供求机制,确保高职院校人才培养与劳动力市场需求间的供需平衡。因此,在高职教育产教融合过程中,高职院校应联合行业企业、政府、行业协会等共同研究市场需求,构建科学合理的动态人才供求机制,满足社会经济发展对高职教育人才的需求。在高职院校产教融合动态供求机制的构建过程中,应注意做到以下几点。

(一)基于学生生源市场构建供求机制

考虑生源市场需要充分考虑高职院校学生的来源,生源市场是高职教育产教融合运行机制中不可或缺的重要组成部分。随着普通院校学生的扩招以及计划生育实施以来适龄学生人数的减少,高职院校生源市场竞争日益加剧。同时,越来越多的民办和公办高职院校对外公开其招生信息,增加其招生途径,增加了学生和家长对高职院校专业设置、教学质量等的知情权,学生在择校时有了更多的自主性和可选择性,加剧了各高职院校间激烈的生源争夺战。由于学生和家长将高职院校毕业生就业质量作为择校的重要参考因素之一,就业率高的高职院校在招生竞争中毋庸置疑拥有更多的优势。因此,提高就业率成为诸多高职院校的主要办学目标之一,就业率甚至成为高职院校办学成败的标准和生命线,影响着各高职院校的竞争、生存和发展。为此,高职院校需要通过产教融合,面向生源市场,积极开展形式多样的学历与非学历教育,提高高职院校就业率和就业质量,提高高职院校毕业生就业竞争力,提高高职院校综合竞争力。

(二)基于劳动力市场构建供求机制

在高职教育毕业生劳动力市场中,学生所学专业、掌握技能、综合素质、就业能力等因素会影响用人单位对其需求与否;同时,用人单位的发展前景、薪资待遇、工作环境以及学生对用人单位的期望等会影响学生是否选择该用人单位。这直接构成了用工市场和人才培养市场间的供需关系,即高职院校毕业生在就业市场中寻求合适的工作岗位,劳动力市场则根据自身发展需要及供求情况,调配生产、服务等行业中的人力资源配置。此时,就业及劳动力市场的供求情况会产生一定的信号,包括价值需求信号、人才需求信号及未来可能产生的人才需求信号等。这些信号会影响准备就读的学生及其家庭对专业和院校的选择,间接推动高职院校办学的优化和调整。总而言之,供给与需求间的相互协调与平衡,会影响高职院校的招生规模和学费水平。高职院校要根据用工需求情况,借助动态人才供求机制动态调整人才培养目标、方向和规模等,提高高职院校人才培养的适应性。因此,高职院校在产教融合过程中,需要充分重视劳动力市场需求及变化情况,准确了解市场用工需求信息,以此指导高职院校的办学定位、办学规模、专业设置、教学模式及课程体系等,提高高职院校竞争力。

六、专业认证专业评估机制

产教融合是发展高职教育的有效形式之一,通过依托政府、高职院校、行业企业、行业协会、社会机构及相关团体,整合多方主体间优势资源,创新高职教育人才培养模式,培养适应市场发展需要的人才。

(一)产教关系的定位与类型

1.产教关系形成的动因

在产教关系中,"产"通常指"产业",包括第一、二、三产业;"教"通常指"教育"。在高职教育产教融合中,"教"通常只指"高职教育",将"产"与"教"两个分属不同部门和组织的事物联系在一起,形成产教关系。随着产业的发展,教育需要与产业、劳动力生产相结合。具体而言,一方面,现代化产业的发展以及产业转型升级,迫切需要具备更高技术技能的人才;另一方面,高职教育需要确保其所培养人才与劳动力市场需求相匹配,确保学生毕业后能较好地就业,有较好的发展前景。为此,"产"与"教"均有了解彼此需求和发展目标的需要,两者的密切联系有利于实现两者的共同发展。

2.产教关系的定位

由于高职教育产教融合中"产"与"教"涉及两个相对独立的部门和组织,"产"与"教"的融合不会产生一个新的部门或组织。因此,如何定位"产"与"教"的关系,影响着高职教育产教融合能否开展、开展程度的层次以及开展时间的长短。在高职教育产教融合中,"产"是指行业企业合作的目的在于通过与高职教育的合作,解决技术难题,引导技术创新,满足技术技能型人才需求,实现经济效益最大化。"教"是指合作的目标和出发点在于通过与行业企业的合作,解决学生实习实训及就业问题,更新高职院校教学实训设备,了解劳动力市场对人才类型的需求情况,确保学校教育教学与社会发展需求相匹配,实现高职院校育人价值和学校的长远发展。可见,"产"与"教"均有各自的合作目标,其关系不能笼统地定位于产业发展或高职院校发展中某一单一目标,需要兼顾两者的共同利益和发展需求。

3.产教关系的类型

产教关系可根据不同的分类方式分为不同类型,高职教育产教融合的产教关系按产权关系、实施场所、管理体制和功能角度等进行分类。首先,按产权关系划分,分为校企联合型、校企合一型、产校合一型、混合型和集团化型。其中,校企联合型是指高职院校与行业企业在产权关系上仍保持相对独立性;校企合一型由高职院校自身办学,产权归学校所有;产校合一型由企业自身办学,产权归企业所有;混合型由多方主体共同投资建设,产权分散;集团化型由具有独立法人资格的高职院校、行业企业、职业培训机构等相关单位间以合同或共同出资等形式组成。其次,按实施场所划分,可分为校内结合型、校外结合型和社会实践结合型三类。再次,按管理体制划分,可分为产教合一型、产教分离型以及专业产业一体化型。最后,按功能角度划分,可分为技能培养型、项目开拓型和创业型。当前,在高职教育产教融合发展过程中,产教关系难以简单地按某一单一类型去划分,应结合产权关系、实施场所、管理体制和功能角度四种分类方式进行分析。以中山职业技术学院的专业镇产业学院运行模式为例:按产权关系划分,其属于混合型,由专业镇政府、行业企业、中山职院、行业协会等多方利益主体共同投资建设,产权分散;按实施场所划分,其属于校外结合型;按管理体制划分,其属于产教分离型;按功能角度划分,其兼具技能培养、项目开拓和创业教育功能,并以技能培养为主要目的,可划分为技能培养型。

(二)产教融合中专业认证专业评估机制的意义

高职教育产教融合的开展取得了一定的成效,对高职教育的发展、产业的发展均起到了一定推动作用。其成效评估可归纳为以下几点。

1. 变革了高职院校办学模式

首先,办学规模的扩大。高职教育产教融合的开展,通常会在高职院校内、企业内或产业园区内建立合作机构或部门,高职院校因此拥有更多校内或校外实训基地,扩大了高职院校办学范围。

其次,办学体制的创新。高职教育产教融合的开展使办学主体由原有高职院校这一单一主体变为由政府、行业企业、高职院校、行业协会等多方主体协同投资共建,多元主体间逐渐探索和发展股份制和混合所有制。

最后,管理机制的形成。高职教育产教融合的有效运行离不开管理体制机制的构建和创新,产业学院多数现已构建董事会(或理事会)领导下的院长负责制管理体制,形成了推动产业学院有效运行的管理架构,并不断探索构建产教融合的长效运行机制。

2. 提高了高职教育教学质量

高职教育产教融合的运行有效缓解了高职院校企业兼职教师聘请难、学生实习实践难、教师技术提升难等问题,产教融合的运行对提高高职教育教学质量所起的作用归纳为以下方面。

首先,技术技能的提升。借助高职教育产教融合合作平台,高职院校对行业企业有更大的吸引力,能引入更多的工作项目。在参与实际工作项目的过程中,教师与学生能得到真实和专业的训练,技术技能得到全面提升。同时,高职院校教学与时俱进,了解行业企业的发展现状,准确定位自身发展目标和方向,及时调整教育教学内容和方法,提高教育教学质量。

其次,实习质量的提升。高职教育产教融合的发展为高职院校实习生提供了更多可供选择的实习实训单位、更多实力强大的合作企业、更多拥有前沿科技的实习实训平台等,有效提升了高职院校学生实习质量。

最后,就业质量的提高。高职教育产教融合的发展成效之一是拉近了高职院校与行业企业间的距离,学生有了更多接触企业真实生产和服务环境的机会。在实习实践过程中,行业企业与学生对工作、岗位、人才进行双向选择,部分学生直接留在企业,其余未留在企业的学生对工作和岗位有了更明确的认识,能有效提高学生的就业质量。

3.提高了资源的转化率

高职教育产教融合发展促进了政府、高职院校、行业企业、行业协会及教育培训机构等多方主体间优势资源的共享,变革了高职院校办学和教学模式,提高了教育教学质量,提高了资源转化率,促进了产业和地区(如专业镇)的发展。

在促进产业发展方面,一方面,高职教育产教融合通常会在产业园区内开展合作,拉近了高职院校与行业企业的空间距离,加快了校企双方的信息沟通,加强了技术产品的设计和研发,为产业的技术创新和转型升级提供了技术和理论支撑。另一方面,通过产教融合,高职院校对企业人才需求有准确的了解,有更具针对性的人才培养,包括明确培养规模及质量、明确教育教学模式、明确专业的调整与优化方向、明确课程内容及安排、明确实习实训目标和实现途径等,使高职院校培养学生更契合企业的发展需求,实现学生由学校到工作的无缝对接,减少企业再培训所需的人力物力,促进产业快速稳健发展。

在促进地区发展方面,高职教育产教融合的开展推动了地区经济、教育、文化等方面的全面发展。第一,产业学院带动了当地产业的发展,带动了当地消费、饮食、住宿等方面的经济发展。第二,促进了专业镇教育培训的开展。专业镇产业学院通过举办面向社区居民的培训项目,带动其他培训机构项目培训的积极性。第三,引领和培育专业镇社区文化。专业镇产业学院借助中山职业技术学院的文化优势,发展积极向上的专业镇文化。产业学院在潜移默化中提升了专业镇社区品质,促进了专业镇的全面发展。

第三节 产业园区特色文化与核心竞争战略

一、形成特色鲜明的专业园区文化

专业园区文化基于校园文化,但具有更鲜明的专业特色。专业园区文化的内涵非常丰富,按照一些学者的意见,专业园区文化应包括专业精神文化、专业物质文化、专业制度文化、专业职业文化、专业人文文化等。专业园区文化包括物质层面的"硬文化"及精神层面的"软文化",物质层面的"硬文化"是专业园区文化的载体,如园区物理空间环境条件和设施设备条件等。精神层面的"软文化"是专业园区文化的灵魂,如师生的职业理想、职业操守、职业技能、职业习惯、专业园区的管理制度及由此形成的师生精神面貌和园区文化气氛等。专业园区文化的核心是职业性。为此,专业园区文化必须突出职业理想、职业素养、职业技能,突出相关行业职业的指向性和学生专业学习的导向性。专业园区文化必须具有导向、约束、凝聚、激励等多种功能,应该是学生学习动力的发动机,是学生成长为职业人的催化剂。

(一)行业企业文化是职业学校专业园区文化之本

行业企业文化不等同于专业园区文化,两者之间有明显的区别。这种区别主要表现在以下方面。一是主体区别。专业园区文化的主体是师生,教师是专业园区文化的主导者,学生是专业园区文化的接受者,同时也是专业园区文化的创造者;行业企业文化的主体是职工,他们既是行业企业文化的主导者,也是行业企业文化的创造者。二是作用不同。专业园区文化主要是熏陶感染学生,约束规范学生和教师的行为,潜移默化地影响学生成长;行业企业文化的作用主要是内聚力量、外树形象,是企业管理的黏合剂。三是目标不同。专业园区文化是引导学生自律与自励,最终达到学校的专业培养目标;行业企业文化是聚合人心,使企业不断自觉规范自己的行为,提升自身的社会形象,进而实现良好的经济效益。有人把企业文化与员工职业素养之间的关系形象地比喻成"大厦与脊梁",从这个意义上说,与专业园区文化异曲同工。

学校的专业园区文化建设是学校专业教师及专业学生的一种文化自觉,缺乏这种文化自觉,专业园区文化就没有了黏性,没有了附和力,其导向、约束、凝聚、激励功能就会大大减弱。要将企业文化内化为学生的职业价值观、职业理想和职业追求,使学生养成务实、敬业的职业精神,使学校的专业园区成为学生"生活的花园""学习的乐园""成才的摇篮""职业人生的起点"。

(二)专业园区文化对专业建设和学生职业成长的影响

专业园区文化对专业建设学生职业成长的影响主要体现在以下方面。一是有利于改变目前学校校园文化因趋同性强所导致的弱化专业特色的泛校园文化现象。由于许多学校的专业文化建设没有突出自己的专业特色,与兄弟学校的校园文化高度雷同,百校一个面孔,有的甚至与基础教育学校相比也没有明显的差异。二是有利于改变目前少数中职学校的校园文化向企业文化趋同的现象。专业园区文化具有鲜明的育人功能,学校在吸纳行业企业文化时应理性对待企业"利益至上"的理念,保持自己高雅、理性、轻松、快乐的文化品格,避免专业园区文化从一个极端走向另一个极端。三是专业园区文化具有强烈的导向性、约束性、规范性和陶冶性,能够形成一种良好的专业教育氛围,为师生的专业发展或专业成长提供原动力和支持力。一般说来,什么样的专业园区文化就会产生什么样的教育,什么样的教育就会产生什么样的教育效果,什么样的教育效果就会造就什么样的学生,这就是我们强调专业园区文化建设紧迫性的理由所在。

(三)如何建设好专业园区文化

首先,建设好专业园区文化要全面贯彻落实教育部关于学校管理和专业建设的一系列制度与要求。近年来,教育部为了规范中等职业学校的管理行为,引导专业建设工作的开展,先后制定了一系列中等职业教育管理制度建设的指导性文件,为健全中等职业学校管理规范、强化素质教育、打造具有专业特色的校园文化、推动科学发展夯实了基础。制度文化具有导向、约束和规范作用,为专业园区文化机制建设提供了政策依据及发展方向的指引,是学校不断推进专业园区文化建设的重要保证。学校应自觉地把这些制度与要求融入专业园区文化建设,形成专业园区的系列管理制度,使专业园区的管理与运行规范有序。

其次,建设好专业园区文化要有清晰的目标定位。目标定位对于一个组织或一个人都非常重要,因为它很清楚地告诉一个组织或一个人该做什么、不该做什么,知道将事情做好的价值所在。例如,某职业技术学校专业园区文化建设的目标是通过实施园区文化建设,进一步创新专业文化建设内涵,形成鲜明的专业文化特征,以人文修养培育为底蕴,以建设优良校风、教风、学风为核心,以加强内涵丰富的专业文化建设为重点,以树立正确的世界观、人生观、价值观为导向,弘扬主旋律,突出高品位,重在建设、加强管理、和谐发展、彰显特色,为专业建设塑造专业精神、营造专业氛围,创建校园专业文化精品,最终打造与职业技术学校所设专业群相匹配的专业群文化体系,提升专业内涵,并借此对学生的职业成长发挥导向性、约束性、规范性和陶冶性作用。具体目标就是打造"四精"专业园区,即园区精群、专业精品、教师精教、学生精技。园区精群即专业园区要开阔视野,开阔思路、改革创新,使专业群建设精致化;专业精品即每个专业群要充分利用好自己的资源优势,建设1~2个精品专业;教师精教即专业群的每位教师都要以"一辈子做教师,一辈子学做教师"的职业精神,不断提高自己的专业水平和教学水平,成为受学生欢迎的教学能手;学生精技即各专业群培养出来的学生不仅要有高尚的职业品位,也要有精湛的技艺,走上岗位后能成为深受企业欢迎的工作能手。该职业技术学校的专业园区文化建设目标就是聚焦于"四精",并且在实践中做到锲而不舍。同时,学校还提出园区专业文化建设要以"为学校铸魂,为师生强本,为企业造血"为理念,挖掘专业德育因素和艺术元素,德艺融合,通过园区的空间文化环境建设和文化长廊建设,强化专业文化的张力,并将企业文化融入其中,使之转换成学校的教育力,实施学校品牌战略。要积极借鉴现代企业文化,使专业园区文化建设既符合职业教育规律,又具有专业特征和时代精神。

鉴于专业园区文化内涵的丰富性,职业院校可根据学校实际,把专业园区文化建设分为四个方面。

1. 建设专业园区空间文化环境,使专业园区形成富有专业特质的文化气息

专业园区空间文化环境建设主要包括公共活动区、办公区、教学区专业技能实训区、宿舍区、后勤保障区等,具体空间环境有教师办公室、学生教室、实验实训室、走廊楼道、园区文化长廊、食堂等。教师办公室专业文化建设的主要内容:一是制度上墙,如教学环节质量标准、教师工作规范、教学事故处理规定等;二是办公桌椅的布局应整齐规范;三是专业理念氛围营造,如将提炼出的专业理念以比较醒目的形式张贴于室内显著位置;四是张贴体现专业理念、专业精神的格言警句;五是逐步采用专业标识色统一办公用品标识。学生教室专业文化建设的主要内容:一是张贴中外名人名言及体现职业特色的名句;二是专业介绍及班级文化展现;三是班级学生的一日常规要求及评比;四是社会、行业、学校等动态新闻。实验实训室专业文化建设的主要内容:一是实验实训设施按照企业真实工作环境和职业氛围进行布置;二是按行业标准张贴安全标语、生产流程、安全规程;三是主要产品介绍;四是张贴职业规范、岗位职责、工作守则、工作程序、工作标准等;五是张贴企业精神、专业精神的标语。走廊楼道专业文化建设的主要内容：一是张贴往届优秀毕业生及专业领域著名的技术能手、技能标兵的画像；二是行业的新技术、新工艺及发展趋势介绍；三是本专业的人才需求信息和趋势；四是专业发展历史和取得的主要成果；五是专业领域的名人格言警句；六是合作企业的简介等。园区文化长廊建设的主要内容：一是专业学习场所分布图；二是专业学习条件介绍；三是学生专业学习指南等。当然，走廊楼道专业文化建设与园区文化长廊专业文化建设共性比较多，很多建设内容完全可以互通。

2. 职业习惯的养成及职业形象的塑造，将空间文化内容内化为师生的共同职业价值追求

专业园区空间文化具有强烈的育人功能，富有鲜明的导向性、约束性、规范性和陶冶性，能为师生的专业发展或专业成长提供原动力和支持力，驱使师生培养并保持自己高雅、理性、轻松、快乐的文化品格。专业园区空间文化有潜移默化的作用，但学校管理者不能满足于这种"文化自悟"，还要通过运用计划、组织、领导和控制等管理职能，强化专业园区空间文化的育人功能。

3. 以共同的职业价值追求为坐标建构和谐的人际关系，使学校专业园区成为学生"生活的花园""学习的乐园""成才的摇篮""职业人生的起点"

以共同的职业价值追求为坐标建构和谐的人际关系，关键是要"营造人人皆可成才、人人尽展其才的良好环境……努力让每个人都有人生出彩的机会"。为此，职业院校不仅从理念上倡导"师生平等""生生平等"，还应搭建各种平台，让不同性格、不同特长、不同学习成绩的学生在学校都有人生出彩的机会，以展示他们对共同职业价值的追求。

4. 建设好专业园区文化要依靠校企合作的不断深化

中职学校专业园区文化与企业文化对接涉及文化的本质特性是一个漫长的进程，需要进行整体设计，制定中长期规划，需要企业和专业园区全员全程参与，避免文化的缺位。通过校企合作，把企业文化的精髓如职业精神、职业性格、职业习惯、职业形象等移植到专业园区。实训室是校园文化与企业对接最有效的连接点。实训室应具备产品生产和专业实训双重功能，应按照企业生产方式和管理模式安排学生实训，推进校企文化无缝对接，包括生产操作流程、安全标语、安全操作规程，让学生带上工具包、穿上工作服、凭胸卡进车间上岗，营造出真实的企业文化氛围。例如，某职业技术学校在实训室推出了"光洁行动"，通过良好的校企融合的文化环境对学生进行职业性格、职业行为习惯、职业形象的塑造。

二、实施特色战略，打造产业核心竞争力

（一）积极构建专业群

专业群的概念是近几年才提出来的，宏观上讲是由一个或多个就业前景好、拥有强大师资、实力雄厚的重点专业来作为核心专业，多个基础相近的相关专业学科共同构成的一个专业集合。首先，专业群的构建可以促进办学效益的提升，促进教学资源的有效利用和优化配

置,实现优势资源的共享。其次,专业群有利于提升学校整体实力,有利于提高学校对外的声誉,有利于增强学生就业竞争力,有利于适应工作岗位需求。专业设置的灵活性与适应性通过专业群的建设体现得淋漓尽致,在一定程度上得到了增强。高职院校可以根据市场对人才的需求,在短时间内,灵活调整专业,更好地适应行业、企业发展和区域经济的需要。为了进一步实现专业群的整体发展,高职院校必须根据产业链的调整趋势,以学校原有的优势专业作为核心,把基础相同或相近的多个专业的方向进行调整,才能更好地衍生和开发周边专业,最终实现专业群的整体发展。

(二)积极借鉴国际先进经验,取长补短

德国的职业教育已成为世界上许多国家效仿和学习的对象。德国大致有两种类型的职业学校:一种是原工程师学校及其他中等职业学校基础上改制而成的高等专科学校;另一种是与传统学校并行的新型高等教育机构。德国职业教育重视实践教学,以培养各类技术型人才为主。德国的以企业为主的"双元制"教育模式,即由校企双方合作联手,职业学校与企业直接挂钩,校企双方共同参与联合制订教学目标和教学计划,理论教学在学校里由教师负责教授,实习实训完全由企业里的师傅负责指导完成。学生一边学习理论知识,一边进行上岗操作,工学交替,毕业时可以同时获得毕业证书和职业资格证书,既有学历上的认可也有职业水平的认证。

英国实施高等职业教育的机构主要是多科技术学院。"灵活多样"是多科技术学院的特点。一是上课时间灵活多样。除全日制课程外,还可以选择工读交替制的课程,还有适合不同人群的夜校、脱产短训班等各种类型的"弹性时间制"课程。

二是多种类型的证书。有专为攻读学位的课程,还有各类的等级证书,学生毕业后不仅可以拿到学院的证书,还可以拿到国家级的证书。学校非常鼓励学生获得各种形式的证书。

澳大利亚高等职业教育实施机构中最具特色的便是(TFE),中文解释做"技术与继续教育学院",学制比较灵活,时间从一年跨越至四年。以各种职业资格证书作为标准来设定人才培养目标,培训内容与行业标准保持一致,受教育者毕业后的就业前景甚好,专业教学的内容与标准十分明确,国家职业资格证书体系较为完善。参照行业需求设置人才培养方案,有利于高等职业教育的准确定位和特色塑造。受教育者通过学习和测试后可以获得多级的资格证书,与行业需要紧密联系,使得受教育者在人才市场上极具就业竞争力。

以上国家的高等职业教育在专业建设方面给我们以下几点启示:①围绕支柱产业设置专业。高等职业教育要面向主要的就业领域,各国共同开设的专业都涉及了国家的支柱产业电子、机械等领域。②交差学科领域的新型专业设置。主要涉及双学科领域专业,如机械工程应用信息学、农业商务管理等专业。③对优势学科专业进行细化分支。该特点体现了专业行业化的特征。④直接定向特定职业的实用技能性专业设置。如澳大利亚工程技术专业的分支有:珠宝和制锁、食品加工、糖果加工、葡萄酒技术、家具技术等;旅游专业的分支有:滑雪区域管理、滑雪设备管理等。⑤专业设置的独特性。在查阅国外这些院校所开设的专业设置中,发现有些专业的设置是独具特色的。国外的高等职业学院对特色专业的重视度比较大,特色专业不仅体现了地区行业职业的需要,也是各个院校教育特色的所在。⑥培养主管或中层管理人员的专业设置。专业的设置直接对应岗位职位,如德国的焊接装配技师等。⑦与学位衔接的专业设置。这种类型的专业大多在人文社会学科领域、自然科学等领域有所分布。如美国的高等职业技术教育文凭体系中设立了副学士文凭。

(三)因地制宜,避免盲目性建设

专业群建设关系到高职院校专业布局和办学特色的形成,对于高职院校的长远发展将产生重大影响。专业群建设不能脱离高职院校赖以生存与发展的客观环境和自身的具体条件。一所学校不可能把所有专业都办成特色专业,必须发展比较优势,努力在几个专业群上办出特色,提升学院的品牌优势。高职院校要围绕区域或行业的需求和发展,规划专业群布局,即从学校所处的社会环境、地理环境、经济环境和自身所具有的办学基础条件出发,结合广泛、深入的市场调研,寻找、确定若干个行业,作为专业群建设和发展的背景与依托,逐步建立起若干个专业群,特别是将专业群中的核心专业作为建设的重点,将这些核心专业建设成为精品专业,带动整个专业群的发展。同时,专业群建设是一个逐步发展的过程,要从行业和社会发展的实际需求出发,结合学院拓展新专业的可能性,逐步推出新的专业方向或相近相关的新专业,构建起一个以重点建设专业为龙头、相关专业为支撑的独具特色的专业体系。

1. 明确内涵,避免形式主义

专业群建设绝不是群内各专业建设内容的简单叠加,需要整合、融合、糅合,既有共享、集中,又有分布、独立;既有刚性的硬约束,又有柔性的软约束;既有统一的平台,又有分流的模块;既有主干支撑又有枝叶相辅。其重点是要在"群"字上下功夫实现"1+1>2"的功能。目前一些高职院校将专业群建设理解为某个重点专业的建设,或者只是把一些专业组合在一起即可称为"群","群"的建设更多的是停留在建设方案中,有为获取某种利益而走形式之嫌疑,违背了高职院校专业群建设的实质意义。

高职院校在专业群的建设过程中应认真研究"群"的内涵,根据所依托的区域经济社会发展状况、产业结构升级与调整情况、院校自身的比较优势以及专业自身的特点来选择适当的模式。只有对专业群建设的内涵有着较为明晰的认识,才能始终秉持进行专业群建设的终极目标,即有利于提高人才培养的质量,有利于更好地为区域经济与社会发展提供人力与智力保障。

2. 把握原则,提高建设实效性

一是明确专业群建设的指向性。在外部指向性上,构建专业群是为了更好地满足区域经济社会发展、行业、企业对高素质技能型人才的需求;在内部指向性上,建设专业群是为了创新人才培养模式,提高专业的适应性,加强资源共享、提高办学效益。从本质上来说,是为了提高人才培养质量,增强学生的就业能力、创业能力、可持续发展能力,从而提高职业教育自身的健康可持续发展的能力及服务于社会的能力。

二是提高群资源配置的合理性。专业群的建设是一个系统工程,是资源合理配置、不断优化的过程。高职院校应通过办学积累、历史积淀和实践检验,使专业结构更加合理,内涵更加丰富,横向有广度,纵向有深度,优势突出,特色鲜明,课程体系与教材开发、校内外实训基地以及师资队伍等群内资源效益达到最大化,具备较强核心竞争能力。

三是明晰群内专业的相关性与主辅性。组成专业群的专业都是关联性较强的专业,或者具有共同的专业、学科基础等内在逻辑关系,或者具有共同的行业、职业基础等外部依存关系。但同时群内的专业在地位与功能上并不是等同的,有主干与协同,核心与辐射的关系。通过龙头专业的支撑、带动作用,集合相关专业,形成集群优势,并经过集成创新实现集成绩效。

四是控制群规模的适当性。专业群小了,不足以发挥效益;专业群过大,管理成本的上升反而会抵消组建专业群带来的收益,因而专业群应当有一个合理规模。

五是把握群发展中的动态性。专业群的构建必须紧跟产业链的发展。专业群建设是市场需求变化与高职院校内在发展相结合的产物。产业的发展是个动态过程,产业链伴随着技术的发展、地区产业结构的调整和梯度转移、社会需求的变化而处于不断地延伸与萎缩中,因此专业群的结构也要处于不断地调整过程中。这种调整可以是专业群内部旧的专业或专业方向的改造、新的专业或专业方向的开发,也可以是学院整体专业集群结构的改造和拓展延伸。总体原则一是要符合区域经济发展的需求,二是要基于学院的办学资源在新专业开发上的可能性。

专业群建设作为一个新生事物,顺应了时代发展对教育的新要求,具有诸多优势。同时这也是一项复杂的系统工程,打破了我国一直延续的按专业设置来组织教学和管理的传统模式,对学校的管理和组织架构、教师和学生的思想认识、具体过程的组织实施和评价等诸多方面带来了很大的冲击,实施过程中碰到种种问题是不可避免的,并且不是一朝一夕就能完成的。在建设实施过程中需要坚定信心,确定阶段性重点突破的目标,不断地总结经验,克服困难,推进专业群建设的平稳有序进行。高职高专院校精心打造自己的特色(优势)专业是长远发展的必由之路。立足地方、面向市场、服务社会,充分发挥办学的经验和优势,紧密围绕所服务的行业、企业对技术技能型人才的实际需求。集中钱、财、物的优势,抓好特色专业建设,以课程体系、师资队伍的建设为突破口,推进高职高专院校办学水平的不断提升。

第六章

高职专业群师资队伍建设

第一节　专业群师资队伍提升的内在需求

一、"中国制造2025"对专业群教学团队的新要求

教师是实现高职教育人才培养目标的决定性力量和最重要保障,"中国制造2025"发展战略的提出,对复合型技术技能人才培养提出了更高标准,同时也对高职院校的教师提出了更高的要求。高等职业教育在复合型技术技能人才的培养目标、培养理念、培养方法、培养过程等方面都将发生转变,甚至是需要重新进行定义。面对改革当中职业教育的新局面,高职教师转变和提升是根本保障。首先,传统的制造产业向现代制造业、智能制造业的发展和转变,迫切需要高职院校培养出更多具有创新思维能力和跨产业协作能力的复合型技术技能人才。面对这一时代要求,高职院校教师自身的实践应用水平和能力必须提升,思维习惯也必须改变。其次,制造业发展过程中新工艺、新技术、新技能不断推陈出新,又与制造业人才的技术技能、自学能力及协作能力密切相关。最后,制造产业是一个长期发展的行业,需要培养学生的可持续发展能力,这不仅关系到高职院校的专业群培养方案、课程体系,还与教师的教育引导、言传身教息息相关,学生职业道德的培养、工匠精神的传承都挑战着"中国制造2025"背景下高职教师的育人能力和水平。

二、专业群师资队伍提升的内在需求

我国的改革开放已取得了巨大成就,但我们也必须清醒地认识到,我们还处于社会主义初级阶段,面对当代纷繁复杂的国际竞争局势,用最高效的教育发展模式培养最有利于国家综合实力发展的人才是时代赋予职业教育的重要使命。目前,从我国的整个教育体系发展情况来看,我国普通教育体系已趋向完善,而职业教育的发展却相对较慢。职业教育是我国教育体系中的薄弱部分,必须下大力气让它变强,以求让我国的教育体系进一步完善,更好地为我国社会和经济的发展培养人才,助力我国综合实力的提高。但国民的观念并不可能在短时间内转变过来,他们还认为职业教育教师的水平、声望是低于普通本科院校的,这也为职业院校师资队伍的建设增加了隐忧。

（一）多样化、开放型的职业教育体系构建

高等职业教育作为我国现代国民教育体系的重要组成部分,是我国高等教育的"半壁天下",既是国家经济和社会发展的重要基础,也是教育改革工作的战略重点。构建多样化、开放型的高等职业教育体系是实现高水平人才培养目标的重要举措。肯定职业教育的贡献,提升职业教育的社会地位是对高职院校师资队伍建设最有力的外部支持。

1. 职业教育的重新定位

在教育体系内部,需要打破重视高等教育、普通教育、精英教育,轻视职业教育的总体格

局,给予职业教育更加公平的竞争空间,为职业教育提高自身层次提供通道。提高职业教育地位首先需要从制度层面明确职业教育的效力,构建职业教育与普通教育对应和沟通的方式,职业教育资格证书与普通教育学历证书对应和沟通的制度框架,这也是构建学习型社会和终身教育体制的重要制度。传统的职业教育和培训的机制是由政府提供的"供给驱动型",这种模式已经远远不能满足现代社会的发展,职业教育应当朝着政府、职业院校、企业、行业协会等多方主体参与的"需求驱动型"发展,将"学校教育模式"转变为"企业教育模式",通过多种途径打造职业教育的师资。

要培养产业和社会发展需要的真正的人才,应从根本上矫正应试教育和唯学历的弊端。中国教育改革依然任重道远,应从追求和重视学历转变为重视能力为主;逐步将主要面向青少年的一次性的学校教育和学历教育,转变为面向所有人、多样化、非学历的教育为主,构建学习型社会和终身教育体系。

为此,职业教育需重新进行定位,应做好职业教育和普通教育之间、中等职业教育和高等职业教育之间、职业院校和企业之间的衔接和沟通,形成尊重职业技术人才的社会风气,承认职业教育的价值,建立促进职业教育高效发展的制度保障。只有改变现行的教育制度和用人制度,让职业教育毕业生得到更多的机会,才能让全社会形成更正确的人才观,真正提高职业教育的质量和魅力,才能吸引更多的人才投入职业教育的事业中来,职业教育才能引得进人才、留得住人才、培养出人才。

2. 建立跨部门的职业教育师资管理机构

"中国制造2025"需要更多的复合型技术技能人才,只有通过有效的校企合作、产教融合,才能让学生真正融入产业,具备进入企业必备的技能。

打破教育部门、劳动部门、人事部门各自为政的局面,建立跨部门的职业教育管理和协调机构以及由行业、企业、学校、教育行政主管部门、人事管理部门等单位共同组成职业教育审议机构,统筹规划、协调管理当地的职业教育发展情况,形成社会化、多元化的管理模式,解决资源分散、各自为政、教育与市场脱离的弊端。改变目前的职业教育授课模式,多方共同参与制订教学计划,教师可以获得多方面的意见和指导,才能更加有的放矢地为社会培养有用之才。

(二)高职教师的收入水平和职业声望提升

吸引优秀人才进入教师行业需要有效提升教师的社会地位和待遇。目前,我国教师的总体要求偏高而待遇偏低,经济待遇低于预期的直接后果就是职业院校难以留住高水平教师。这不但影响了职业院校教师队伍的稳定,也影响了后备军教师的培养。因此,国际教育组织不断大声疾呼,如果不解决教师社会地位下降和工资的问题,教育改革就只能是一场空谈。

一个国家的教育水平依赖于教师队伍的专业化水平,要打造一支稳定的高水平教师队伍,就必须吸引优秀人才长期从教、将教育当成终身事业。提高教师地位待遇,不断改善教师的工作、学习和生活条件,吸引优秀人才长期从教、终身从教,依法保证教师平均工资水平不低于或者高于国家公务员的平均工资水平并逐步提高。各级政府在具体实施过程中一定要把文件精神落到实处,切实提高教师的物质待遇。

(三)双师素质教师培养的政策制定与评估

"双师"的概念已经提出多年,但截至目前,我国还没有相关文件对双师素质教师培养做出全面、系统的规定,只是散见于职业教育师资队伍建设相关的工作文件中,内容也不详细,不同部门和地域的解释也不一样,对一些重要问题的探讨比较模糊,缺乏可操作性,因此尽快出台相关政策措施是双师素质教师培养顺利开展的重要保障。

1. 推行高职双师素质教师资格认定制度

建立双师素质教师资格认定制度是双师素质教师队伍建设的特殊性要求。从考试科目和形式上就可以看出,我国教师职业资格考试侧重于考查教师的教育教学能力和专业理论知识,对双师素质的考核并没有纳入考试科目。此外,我国的职业教育分为高等职业教育和中等职业教育两类,由于各种原因,高等职业教育和中等职业教育目前还分属不同教育类型。中等职业学校的教师必须取得相应的中职教师资格证书,高职院校教师则必须取得教师资格证书。高职院校教师取得的教师资格证书与普通高等院校教师取得的教师资格证书无异,然而,高职院校教师与普通高等院校教师的任职要求和任职资格存在较大差异,由此可见,现行的教师资格考试制度不能准确、全面地考查教师的双师素质资格要求,针对职业院校双师素质教师资格认证的职业资格证书专门制度亟须出台。

2. 逐步推行高职院校教师职称单独评审制度

高等职业教育虽然是我国高等教育的重要组成部分,但它是与普通高等教育有着明显区别的一种教育形式。高等职业教育强调理论与实践并重,以能力培养为突出核心;而普通高等教育则侧重于理论的系统性、创造性和学术性,因此,在职称评审过程中,套用普通高等学校教师的职称评审标准是不符合高等职业技术教育发展客观情况的。从高职教育的实际情况出发,单独评审制度,把高职"双师素质教师"的学术性与实践性有机结合起来,强调职称评审对教师职业发展的引导作用。应注意实行单独评审制度并不是降低标准,而是要体现高职教育的特色和要求,比如在科研方面不必像普通高等院校那样强调论文与课题,可以更多地体现行业的实用性,强调实践操作能力和水平。

3. 促进企业办学和社会化办学

职业教育经费投入大,师资队伍建设成效缓慢。目前我国职业教育以公办院校为主,在市场经济环境下,应适当借鉴国际经验,开展校企合作、产教融合,依托行业和产业发展职业教育,推进职业教育的社会化进程,"建立健全政府主导、行业指导、企业参与的职业教育办学机制"。政府需要制定相应的法规和政策,促进职业院校与企事业单位的人才交流,为积极参与职业教育的相关企业采取减免相关税收、给予信贷优惠等政策,鼓励企业提供设备、场地、师资等深度参与职业教育;应给予高职院校更多的自主权,实行更为灵活的管理制度,鼓励职业院校通过合作开发、产教融合、科研成果转让,更加直接地服务社会和地方经济。

第二节 "双师素质"师资队伍建设探索与实践

一、"双师型"职业教育师资队伍的概念界定

（一）"双师型"教师是复杂多元的复合概念

"双师型"高职教师是一个广泛的术语,对具有不同理论导向和不同工作的人有不同的含义。在高等职业教育领域,"双师型"高职教师的内涵和外延极为丰富,既有群体结构的"双师型"教师,又有个体层面的"双师型"教师。立足于专业化高职教师教育的构建,应该善于从广义上去理解,而不能仅从狭义上去把握。

（二）"双师型"教师是视角多元的广义概念

在社会转型时期,随着高等职业教育的快速发展,"双师型"高职教师要领已经而且也应该被赋予新的内涵。对其特殊性的认识和把握是一个历史的、动态的发展过程,它将伴随着我国高等职业教育的和谐发展和创新变革而不断快速更新,应该说,"双师型"高职教师已经成为现代高等职业教育事业的一种意义符号。

（三）"双师型"教师是层次目标的整合概念

高等职业教育的"双师型"教师,其专业发展应当是一个不断递进、循序渐进的过程,从单一型、叠加型到融合型教师,从初级到中级再到高级,不断实现专业水准的提升与发展。"双师型"高职教师的职业理想目标由两个层次整合达到,第一层次达到教师职业能力目标的"双能力",第二层次达到教师职业素质目标的"双素质",成为真正专业化的"双师型"高职教师,从而形成群体理想的"双师型"高等职业教育师资队伍。

（四）"双师型"教师是职教特色的本土概念

高等职业教育作为高等教育发展中的一个类型,肩负着培养面向生产、建设、服务和管理第一线需要的高素质、高技能、创新型人才的历史使命,因此高职教师不但要具有较高的教学水平和丰富的教学经验,还要具有丰富的实际工作经历和经验,并且要有较强的运用技术理论从事技术开发、技术转移、技术咨询、技术创新以及解决实际技术问题的能力,才能满足高等职业教育教学的实际需要。为此,我国职教界创造性地提出了"双师型"教师、"双证书"教师、"双职称"教师、"双师素质"教师等本质接近但表述不一的要领,而且正朝着正确的、科学的方向发展。"双师型"教师既是时代发展与教师教育文化的产物,也是我国职业教育理论建设和话语创造的宝贵财富。

二、院校培养模式

（一）明晰教育理念:"双师型"教师发展是一个知识获得的过程

正是对"双师型"教师的素质结构观的不同回答,导致了"双师型"教师专业发展的不同

模式。目前,有一种相对比较流行的观点,认为"双师型"教师是具备由专业知识、教育知识和职业知识共同构成的复合型知识结构素质的教师,职业院校"双师型"教师专业发展过程是一个教师知识获得的过程。基于这种认识,我们将其归纳为院校培养模式,这一模式的形成根源于两方面的基本假设。

一是与人们对职业教育教学过程本质观的认识相关,有一种较为普遍的观点认为职业教育教学过程就是向职业院校学生传递基本理论知识的过程,因此,职业院校"双师型"教师的职责就是传授学科专业的基本理论。在这种本质观的要求下,职业教育较为强调"双师型"教师的理论水平和学术素养,强调"双师型"教师在教学过程传播理论知识的水平和素养。因此,实质上,这一本质观下的"双师型"教师的发展主要体现在其理论知识素养上。

二是根源于知识决定能力的基本假设。院校培养模式的"双师型"教师发展过程将知识看得很重,认为知识作为主体精神世界的重要组成部分,是决定主体能力发展的最重要的因素。能力是在知识的掌握过程中所形成和发展的,离开了知识的学习和获得,任何能力都不能得到发展。"双师型"教师发展就意味着其专业知识、教育知识和职业知识的增长和获得。

基于上述假设,院校培养模式的"双师型"教师培养的重点是知识获得和行为变化,其过程是一个知识过程。这一模式认为,职业院校"双师型"教师所获得的专业知识是其专业发展的基础,只要教师通过全面掌握专业和教育理论知识,便能将其转化成良好的专业教育实践能力;对教师进行学术理论教育是其专业成长的主要途径。因此,这一模式下的"双师型"教师来源多为综合型院校从事专业学术教育的毕业生及教师,认为只要学习了某一专业领域的知识就能够从事相关的职业教育教学工作。

(二)课程设置与实施

1."职业课程+教育课程+专业课程"相整合的课程结构

充分发挥教育学与工学的优势,通过教育学课程的开设与工学课程的开设构建一种复合型的知识体系,为此,需要构建一种"职业课程+教育课程+专业课程"相整合的课程结构。以机械设计与制造专业的硕士层次"双师型"职教师资培养为例,职业课程方面主要开设如职业科学、机械设计制造类职业工作分析等课程;教育课程主要开设教育基本理论、专题教育、科学研究方法论和职业教育心理学等课程;专业课程主要开设机械工程学科新进展和机械设计制造领域新技术专题研究课程。职业课程保障其职业素养的发展,教育课程培养其教育方面的素养,专业课程奠定专业基础,这三类课程整合一体于学生综合素质的养成及培养目标的达成。

2."技能实践+工程实践+教育教学实践"相结合的课程实施实践环节

课程实施是将课程付诸实践的过程或活动。"双师型"职教师资培养的课程实施注重强化实践环节。在行业企业、职业院校教师(合作导师)指导下,进行技能培训、工程实践及教育教学实践:①技能实践。通过相关理论培训和实际操作训练,使其掌握与所从事专业领域相关的职业技能,并取得相应的职业资格证书。②工程实践。深入企业第一线进行工程实践,熟悉企业相关产品开发和生产工艺过程、研究相关技术技能的开发与应用,完成与相关学位论文选题相关的工程实践研究报告。③教育教学实践。在职业院校进行教育实践,参与职业院校相关专业的教育教学及专业建设和课程开发工作,完成与相关学位论文选题相关的教学实践研究报告。

3."校内导师＋校外导师"合作的双导师指导制度

"双导师"是指除校内导师外,在两类实习基地各有一名相应的专业人员作为指导教师,校内导师与校外合作导师(企业、职业院校)相结合。学生在校内导师负责制的基础上,实行由校内教育学、机械类的指导教师和企业技术人员、职业院校教师组成的导师组共同指导的制度。校内导师是研究生培养的第一负责人,在研究生培养中起主导作用;导师组全程参与硕士研究生的指导工作,充分发挥集体培养优势。实践证明,"双导师制"培养思路非常符合学生的教育特点,在一定程度上弥补了教师只注重理论,不注重实践的缺憾。但是,双导师制在具体实施过程中还存在不少问题。在实际操作中,企业导师忙于工作生产,而校内导师又有教学任务,还有科研课题,不可能把过多的精力用在学生身上。因此,双方很难在一起共同商定研究生的培养,在一定程度上影响了硕士研究生的培养质量,只有规范加强双导师制度,才会提高"高层次双师型"硕士研究生的培养质量。

(三)培养途径

1.独立设置职业技术师范院校的专门化培养

从历史发展的进程来看,职业技术师范院校在职教师资培养中一直发挥着主要的力量和作用。

职业技术师范院校能够保证职业教育教师有稳定的来源,其作为一种新型的高等院校,既不同于普通工科类院校,也不同于普通高等师范院校,其始终以培养具有"学术性、技术性、师范性"为一体的职教师资为目标,重视实训基地建设,注重学生动手能力和师范能力,使教育学与工学有机融合。多年的发展中,各职业技术师范院校付出了巨大的努力,逐步构筑起来了较为完整的职教师资培养的学科体系,尤其在一些专业教学论方面取得了巨大的成就,如经济教学论、技术教学论等学科的发展奠定了职教师资培养的学术基础。

职业技术师范院校在多年的发展中积累了丰富的师资培养经验和成果,同时储备了大量从事职教师资培养的人才资源。职教师资是一种具有特殊性的专业人才,其培养也必然需要富有经验的专门人才资源。

2.综合性院校、理工院校和技术型院校附设职业教育教师培养机构

综合性、工科性、技术性院校有些在学科与师资方面具有优势,有些则在技术与实验上具有自己独特的一面,而这些优势既可以吸引优秀的生源,也可以为职业教育教师的教育提供丰厚的基础设施。我国从20世纪80年代末逐渐在普通高等院校或师范院校设立职业技术教育学院。如河北师范院校设置职业技术教育学院,利用普通师范院校多年发展所形成的师范性优势,设立专门的职业技术教育院系,培养职教师资。

三、自主成长模式

(一)明晰教育理念:自主实践反思的过程

当前科学技术发展速度不断加快,新技术、新发明层出不穷,今天人们所学的知识和技术,明天可能就要落后了。对于"双师型"教师来说,其需要掌握的技术实践能力随着技术的更新应不断提升。同时,在有限的时间内,我们也不可能把人类社会中所有的知识和技术学完,特别是在当前知识经济时代,越来越呼唤"双师型"教师具备一种自主提升发展的能力,自主学习意识、自主学习能力成为"双师型"教师不断提升自我的主题。"双师型"教师的培养成长过程是一个自主实践反思的过程,"双师型"教师要永远能够与时俱进。

有观点认为,"双师型"教师对其专业活动的认识、理解和信念并不是从外部获得的,而是从内部构建的,构建的途径是通过多种形式的反思实现的。通过反思,"双师型"教师可以对自己及专业活动甚至相关的职业教育活动有更深入的理解,发现其中的职业教育意义和价值。"双师型"教师不仅仅是储存已有教育观念的"容器","双师型"教师的工作不仅仅就是把其所获得的专业理论和教育理论应用于职业教育实践。也就是说,除了外部给予教师的理论知识之外,还存在着内隐于教师实践之中的"行动中的知识"个体知识。在"实践—反思"模式那里,"双师型"教师专业发展带有了更多的主动探究和自我改进的色彩,突出教师自身在其专业发展中的主体地位和价值。其专业发展过程是一种自我理解、自我成长,即专业发展是人的发展,它不是外在的、技术性知识的获取,而是通过各种形式的反思促进教师对于自己专业活动的理解。"通过诸如写日志、传记、构想、文献分析等方式单独进行反思,或通过讲故事、信件交流、教师交流、参与观察等方式与人合作进行反思"来实现发展。"双师型"教师专业的发展依赖于教师对自己的教学行为进行反思性的观察。有研究表明,对教学影响最大的因素既不是教育理论,也不是技能训练,而是教师通过自己的上课所获得的对有效教学的理解。因此,教师应该让自己置身于不同的教学风格和方法中,反思自己的以及别人的教学,做自己的教师,从这些体验中获得更多的益处。反思性的观察就是一种教师主动学习和成长途径,"双师型"教师专业是一种鼓励认知、尝试、分享和推广合理性实践的个人内心的加工过程。舍恩的"反思性实践家"这一概念是作为抗衡近代主义的专家形象——"技术熟练者"而倡导专家形象的。舍恩指出,历来的专业是把专业知识和技能运用于实践情境的"科学技术的合理运用"之原理作为基础完成工作的;而当今的专家则是投身于顾客所面临的复杂的泥沼般的问题之中,基于"活动过程的省思",同超越了专业领域的难题进行格斗。在"反思性实践"中,"实践性认识论"替代"技术性熟练者",构成了专家活动的基础。模式认为应当关注"实践",强调"实践"本身所包含的丰富内涵,关心"教师实际知道些什么",并在这个"实然"的基础上提出专业发展的设想;认为教师专业发展的目的并不在于外在的、技术性知识的获取,而在于通过这种或那种形式促使教师对于自己、自己的专业活动,直至相关的物、事有更深入的"理解",发现其中的"意义",以促成所谓"反思性实践"。把教师的实践性知识和实践性智慧视为教师专业发展的重要基础,注重从教育教学活动的实践需求出发鼓励教师的自主学习和自我活动,把理论和实践紧密结合起来。"双师型"教师专业发展过程实质上突出了教师个人的主体性,强调了教师个体的个性化实践经验。从根本上说,职业教育教学活动是一种个性化的艺术活动,因此,我们很难通过程式化和模式化的规范去约束教学行为。教师在教学活动中完全可以根据自己的个性化经验进行创造和实践,职业教育教学过程是教师个体生命意义的一种体验过程,教师的专业发展是一种自我反思、自我理解和意义体验的过程。

(二)定位培养目标:可持续发展能力

未来的"双师型"教师仅靠职前教育和职后培训所获得的知识经验仍然不够,必须提高自身的可持续发展能力(它是指教师在个体发展过程中既要适应当前的发展,又要有利于今后的发展,更要为今后的又好又快发展提供充足的养分和条件,这也是个体发展的需要)。"双师型"教师的可持续发展能力具体包括自主发展能力、自主学习能力、自我反思能力。

1. "双师型"教师自主发展能力

Tort Moloney 主张:"教师自主是一种自主性职业发展的能力,自主的教师能够真正懂得教学技巧何时、何地、为何以及如何在教学实践的自觉意识中获得。""双师型"教师应成为具有强烈责任感,在教育教学活动中能够不断反思,具备自主的可持续发展能力。对技术技能提升的渴求应成为"双师型"教师成长发展的基本动力和前提条件。"双师型"教师要有自我认知的能力,对个人需要与专业技能发展目标关系准确认识,不断激发自我学习的动力,明确自己职业人生发展的目标。自我认知、自我批判、自我超越、自我创造应成为"双师型"教师专业成长的目标。

2. "双师型"教师自主学习能力

"双师型"教师的成长经历了"教师教育—教师培训—教师学习"这样几个历程,教师学习是当代教师发展问题的逻辑走向。从教师教育转向教师培训再转向教师学习,实质上是对教师主体地位和教师自身价值的肯定。美国学者泰勒就曾预言:"未来的在职培训,将不被看作是'造就'教师,而是帮助、支持和鼓励每个教师发展他自己所看重、所希望增加的教学能力。占指导地位的、被普遍认可的精神,将把学习本身放在最重要的地位。"所谓教师学习,是指教师在自身努力或外部环境等因素的影响下,其专业知识、专业能力和专业态度等方面得到成长变化的过程或活动。教师学习是以教师主动性为核心的学习成长过程或活动,是对已有教师培训、教师教育的超越与发展。教师培训和教师教育等方面的工作有效开展实质上是以教师如何有效地学习或教师学习的内在机制为依托的。"双师型"教师学习不能简单地等同于教师培训,而是教师主体性和教师内在动力突显的一项活动。

3. "双师型"教师自我反思能力

美国心理学家波斯纳曾提出教师成长公式:经验+反思=成长。他指出,如果教师仅仅满足于获得经验,而不是对经验进行深入的思考,那么他的发展将受到很大的限制。反思型教师能够成为终身学习者,教师具备反思的意识和能力,就能够持续不断地对自己的教育教学实践进行反思,便能够不断提高自我。学会反思是"双师型"教师发展中的重要内容,反思也是"双师型"教师可持续发展中不可或缺的教育教学行为。"双师型"教师通过自我反思,不断重新认识自身的教学行为和理念,能够促进自己对职业教育教学活动有更深刻的理解。从"双师型"教师的职业实践技能获得来看,很大程度上属于缄默知识的范畴,需要依靠"双师型"长期的实践反思;从"双师型"教师的教育教学能力来看,也需要有自身的反思。

(三)课程设置与实施

1. 职业生涯规划教育课程

我国职业院校教师传统的职业生涯成长路径是"助教—讲师—副教授(高级讲师)—教授"这样一种模式。其实,这种路径缺乏企业或行业的技术能力和实践能力等元素,很难满足职业教育的要求。"双师型"教师作为职业教育教师,要突出其生产实践、企业技术等特色,其相应的成长路径应为"助理工程师—工程师—高级工程师—教授级高级工程师"与"助教—讲师—副教授(高级讲师)—教授"相交融,体现出"双师型"教师的成长过程是伴随着生产实践能力提升的教师学识水平发展的轨迹。所以,从这一角度上说,"双师型"教师自我成长的过程需要做好自身的职业生涯规划。

2. 教师实践案例课程

美国斯坦福大学退休教授李·舒尔曼则认为案例教学法"是理论与实践之间理想的折中方法,是当今教师教育的必然选择"。"双师型"教师的知识结构中存在着一类由职业实践知识、教育实践知识和专业实践知识所构成的实践性知识,这类知识直接奠定了"双师型"教师区别于其他教师的独特属性。这类知识如何获得?恐怕很难依靠别人告知或书本阅读来获得,而是和"双师型"教师在其实践活动中不断内化、反思密切相关,是基于实践的反思而形成的一种个体化经验。所以,在"双师型"教师的职前培养、职中工作和职后培训过程中,也都离不开一种教师实践案例课程的学习。通过实践案例课程,对于职前培养的"双师型"教师可以借鉴其实践经验,职中工作的"双师型"教师可以与其自身的实践探索相对照取长补短,职后培训的"双师型"教师可以提升自身实践经验。

3. 自我认知课程

对于传统的职业院校"双师型"教师培养,缺乏一种自我认知的教育。

教师教育课程设置中,存在着认识其他事物的课程,而缺乏认识自我的课程。需要加强"双师型"的自我认知意识和能力,对自身的专业发展方向能够自主认识。对"双师型"教师培养的自我认知课程主要围绕三个方面进行:对自己过去发展过程的意识、对自己现在发展状态和水平的意识、对自己未来发展的规划意识。

4. 微格教学法课程

微格教学法是一种反思教学的教师教育课程,可以把"双师型"教师的教育教学活动进行录像,然后重新回放录像内容,"双师型"教师及相关人员边看边议。教师自己在观看自身活动的录像中,能够不断认识自身的优势和不足,不断反思,逐渐形成自主发展的思路。同时,其他观看者以旁观者的视角可以帮助录像中的教师提出改进意见和建议。

(四)培养途径

1. "双师型"教师做好自主规划工作

有规划和目标的活动往往能够事半功倍,"双师型"教师的自主成长需要自主规划其职业人生,分析自身欠缺什么素质,需要哪方面的提升,近期主要学习什么、弥补什么,职称评定、技能提高、学历提升、企业经历等环节在什么时候完成,通过什么方式实现。不断进行自我分析,尤其是在教育教学能力和职业实践能力方面有具体的分析;制订发展目标和行动策略,朝什么方向发展,通过什么途径开展行动。例如,山东科技职业学院采取生涯规划策略培养"双师型"教师,提供人才全面发展或不同类型人才专长发展的平台,充分考虑教师个性发展和自我实现的需要,发挥产学研协同发展的优势,使其教学能力和实践能力同步提升,提高个体的职业化水平;企业工程技术人员通过参与高技能人才培养工作,提升理论水平,实现教学相长,成为行业的专家和学生的良师。

2. 基于"双师型"教师发展阶段分层次提升

"双师型"教师的各种素质需要一个连续性和阶段性的成长过程,根据自身职业生涯发展的规律,总是应经历几个发展阶段,从新手型"双师型"教师,到熟练型"双师型"教师,再到专家型"双师型"教师。这就需要"双师型"教师自身做好职业生涯的规划。新手型"双师型"教师实际上是一个初入门的阶段,要关注基本的教育教学能力、职业实践能力发展。熟练型"双师型"教师要关注经验提升、技术更新、智慧积累等方面的发展。专家型"双师型"教师要关注企业应用技术研发能力、技术服务能力、教育创新能力等方面的发展。基于发展阶段分层次培养,有助于实现"双师型"教师由被动发展向自主发展跨越,使每个层次的教师都有所发展。

3. "双师型"教师主动开展校本教研

结合学校的特色专业、精品课程、教材建设等工作,承担教学研究、专业建设和课程开发的工作,通过自主探索提升自身素质。可以对自己在教育教学过程中遇到的问题开展研究,在研究过程中解决自身遇到的问题,并能够提升自己的理论水平和经验,"双师型"教师的成长过程就是不断地开展校本教研而逐步丰富知识和经验的过程。

4. 主动撰写反思日记

反思是个体活动中的一种高级形式,是活动主体对自己的观念与行为进行的认知和审视,反思是"双师型"教师自主发展的重要途径。通过撰写反思日记,能够促进教师教育教学方法的改变,提高教育教学质量;能够帮助教师自身不断反思自己,总结经验,提高自身素质;也能够在反思中升华出具有普遍实际意义的理性认识,可以提高"双师型"教师的科研能力。主动撰写反思日记,主要反思自身的教学行为、管理行为和生产实践指导行为。通过反思日记,"双师型"教师能够以批判的眼光反观自己,分析相关问题产生的原因,通过总结经验和吸取教训并能够自觉提出改进发展的建议。

四、文化生态模式

以往人们对教师培养的研究,多关注从外部力量来促进教师的发展,多考虑学生的发展、理论的培养等方面,实际上多是从外部孤立地看待教师的成长,很少关注教师与教师之间及相关因素的关系对教师成长的影响。从文化生态的角度看,"双师型"教师的培养成长是在与其他人、事物相互的关系中进行的。"双师型"教师是学校学术文化与企业职业文化的融合,"双师型"教师是一种文化象征。文化是事物内在的灵魂,"双师型"教师之所以为"双师型"教师,根本上在于隐藏和形成于其身上的文化。技能是"双师型"教师的外显行为,而文化才是"双师型"教师的根本。在当前的职业教育实践中,亟须形成一种"双师型"教师培养的文化生态模式。"文化生态是指一定时代各文化要素之间相互关联所呈现的形态以及由此形成的一种具有特征性的文化结构,它在本质上规定并表征着人的生存方式及其相互关联。""双师型"教师的文化生态培养模式就是将"双师型"教师视为一种特殊的文化,并将其置于相互联系的文化生态系统之中,在关联中实现"双师型"教师的成长发展。

(一)明晰教育理念:"双师型"教师发展是一个文化生态过程

对教师的研究,从关注个体的认知加工和操作技术转向关注个体与个体之间的关系,个体发展是在其所处的环境中逐渐成长的,是个体与文化相互建构的"参与中转变"过程。人类发展是人们参与社区社会文化活动的不断变化过程,罗高福将其描述为"参与中转变"。她认为:"不是文化影响个体发展或个体发展影响文化,而是人们在参与文化活动中获得发展,文化活动本身也由于人们的代际介入而发展,每一代人在与其他人进行社会文化活动时,会运用和拓展从上代人那里继承的文化工具和惯例,人们通过共同运用文化工具和惯例而发展,同时人们也促使了文化工具、文化惯例以及文化机构的转变。"事实上,"双师型"教师发展离不开特定的社会文化环境,离不开周围的教师以及教师之间的相互影响和社区的活动。从罗高福"参与中转变"的观点出发,我们可以认为,"双师型"教师的成长发展正是他们在参与职业文化活动过程中与社会群体相协调的各种变化过程,教师是作为职业文化活动的参与者,通过"参与中转变"而不断获得发展的,而且这种发展只能通过其不断变化的文化实践和所处的社区环境来理解。

同时,"教师专业发展即生态变革"的观点强调教师专业发展并不全然依靠自己,而更应该从其所处的环境中寻求发展动力。因此,需要确立一种文化生态的发展模式,文化生态培养模式下的教师在其教育教学过程中,其专业实践风格是个性化的,教师在其实践中并不是完全处于孤立状态,其专业知识与能力不全然依靠自己,教师并非孤立地形成教学策略和风格,教师向他人学得更多,教师专业发展依赖于群体性的教学文化或教师文化。正如杜威所主张:"只有智力懒惰才会导致我们得出结论说,由于思考和决定形式是个体的,它们的内容、它们的学科,也是某种纯粹个人的东西……似乎是单个的事情在进行,但是它们是一起进行的。没有发现任何完全孤立进行的事情,任何事情的进行都与其他事情的进行联系在一起。"不应把教师当作孤立的个体,而应置于文化关系、社会关系之中来理解。因此,"双师型"教师发展需要一种合作的发展方式。文化生态培养模式主要聚焦点不是学习某些学科知识和教育知识,也不是个别教师的反思,而是建构合作的教师文化,在合作互助中促进教师的发展。"双师型"教师的培养发展过程实质上是校企合作、工学结合、理论与实践、个人与群体等多方面的合作融合过程。

"双师型"教师的成长发展是一个文化生态过程,旨在从三个层面关注教师培养问题。①教师个人层面。通过对教师在文化活动参与中的个人成长经历、认知方式、思维模式、价值观念、处世态度、生活方式等的分析与解读,考察和剖析特定社会环境和文化对教师个体发展(表现在教育观念、知能结构和文化性格等方面)所产生的影响。②教师群体的人际层面。教师与同伴之间的合作交往是教师专业发展的重要方面。师父带徒弟的方式是一种较为有效的教师培养之路。③职业教育文化生态环境层面。教师所处的工作生活环境对其专业发展也有着重要的影响作用。"双师型"教师的成长正是出于职业技能的熏陶和职业文化的涵养之中。文化生态模式下的"双师型"教师专业发展需要建设具有校企融合特点的学校文化,将企业文化融入学校,在学校营造企业化的氛围,建企业格言墙、励志格言墙,与企业合作在校内设立生产流水线,有校办工厂,生产产品和加工,建一体化教室,实行一体化教学,通过产教结合培养学生,以推动和促进"双师型"教师专业发展水平的快速提升。

(二)定位培养目标:形成一种"双师"文化

学习教学技能和职业技能对于"双师型"教师的培养成长具有重要的意义,但是"在教学中,'专家'或'熟练者'的能力无法'直接'地传授给其他人,也就是说,在教学领域中'方法'不是'公共的';更重要的是,在这个教师是'好的'、有效的方法,对那个教师而言未必也是好的"。而只有在教师专业精神、信念、价值观等文化层面得到涵养,才能成为具有内涵个性的教师。教师专业内涵的核心,或者说专业精神的原动力应该是文化,只有强大的文化才是教师专业能力、专业素质的根基。教师文化被看作是一种组织文化或群体文化,它是教师群体在共同的学校教育环境里,在教育教学过程中创造出来的物质成果和精神成果的总和与表现。教师文化可以被划分为三个层次,即教师的思想观念层次、价值体系层次和行为模式层次,这三方面共同构成教师文化整体。"双师型"教师的文化生态培养模式旨在形成一种双师文化。双师文化深入渗透到教师的信念、态度、对工作的理解和教育教学行为之中,能够对"双师型"教师的培养发展产生深刻的影响。

1. 坚定尊重技术技能的"双师型"教师的职业教育信念

信念是人们对某种观点、原则和理想等所形成的内心的真挚信仰。一个个体从事一项工作,如果其从内心深处信仰这项职业工作,那么才能真正地融入这项工作中。教师信念的确立是教师文化形成的根基。"双师型"教师也是如此,信念是其成长发展的思想基石,将直接影响着行为。正如菲蒙特和弗洛登所说:"有效的教育改革必须建立或重建在教师和那些准教师们既有信念的改革之上。"信念在个体的专业或职业发展中处于最高层次,它统摄着个体素质结构的其他方面,因此,"双师型"教师的职业教育信念是一种深层次的文化结构。当前,我国社会大环境和宏观教育环境中都存在一种鄙视技术技能的现状,将职业教育视为下等教育、不会被首选的教育。面对这样的现状,"双师型"教师应始终坚定起一种高度重视职业教育的信念,坚信技术技能在国家社会发展的重要作用,坚信职业教育在国家社会经济发展中的价值。

2. 形成走进企业实践的"双师型"教师态度

教师文化构建就是在确立信念的基础上转变教师现有的不适应学校发展的态度,并随着态度的更新产生持久的行为倾向。"双师型"教师区别于普通教师的主要标志是其实践技能企业实践经历。形成"双师型"教师文化需要"双师型"教师有一种积极的企业实践态度。因此,"双师型"教师要主动走进企业,参与企业生产实践。面对当前"职业教育吸引力不足"的观念和现实,"双师型"教师能够具备热爱生产活动、尊重技能人才、捍卫职业教育等态度。对于企业生产实践,"双师型"教师以一种积极融入和走进的态度面对一切。要转变不合理、不正确、消极的态度,形成正确的、积极的态度。换句话说,"双师型"教师是关注企业生产实践的教师,始终能够积极融入企业实践,这一目标的实现需要提高"双师型"教师的工作满意度,增强"双师型"教师对职业教育的文化认同。

3. 塑造行动导向传递技术技能的"双师型"教师行为

教师文化基于教师的信念,由内而外展现最终落实在教师的专业态度和教育教学行为上。教师行为是教师文化的外显表征,"双师型"教师行为主要表现为技术技能教育和传承、教育教学方法的使用、与学生的交流互动、与同事的交往、与企业生产的联系等。面对职业院校学生文化知识基础差、行为问题突出等现状,"双师型"教师要采取符合这类学生特点的教育教学方式,运用行动导向着重传递技术技能。行动导向的教师行为是"双师型"教师区别于普通教师的一个重要标志,这是根源于"双师型"教师所属的教育活动性质,教授技术技能而不是单纯的理论知识。

(三)凸显"双师"文化的培养体系

"双师型"教师的成长是一个文化生态过程,主要在于"双师"文化的形成。那么,依靠什么来关注其成长的文化生态属性,用什么内容来培养其"双师"文化。"双师型"教师是一种特殊的文化形态和文化象征,"双师型"教师的培养是一个文化过程,"双师型"教师的成长发展依赖于"双师"文化。"'双师'文化的培育是一项复杂的系统工程,需要构建一个政府、职业院校、职业院校教师以及'双师'群体共同参与的立体网络。""双师型"教师的深层次成长发展是一种文化过程,其体现为学术文化、企业文化和教师文化的融合。建设具有校企融合特点的学校文化,将企业文化融入学校,在学校营造企业化的氛围,通过产教结合,以推动和促进"双师型"教师专业发展水平的快速提升。总之,"双师型"教师的复合型知识结构需要采取"学校与企业、工作与学习、理论与实践"等跨界的课程文化。开设相关课程,在专业课程(教材)开发中吸纳,注重潜在课程的文化感染。如,职业文化走进教室,烹饪专业以"儒厨"为主线,利用厨房"5S"管理特点来管理班级;摄影专业以胶卷为底纹布置班级文化墙;幼师专业以钢琴键盘和五线谱修饰黑板。通过设立冠名班、企业奖学金等形式,将企业的价值理念、思维方式、管理方法等引入课程文化和班级文化建设中,进而带动具有企业特色校园文化的构建;鼓励企业技术人员到职业学校任职,宣传企业的价值观念,实现企业文化与校园文化的融合,建立"学术文化、企业文化和教师文化"融合的课程文化理念。

(四)培养途径

教师发展总是在一定的文化生态系统中实现的,学校需要为教师发展创造良好的文化生态环境,在人与文化的相互建构中实现学校和教师的主动发展。教师信念的发展要受到教师从教后的教育实践、所处的社会环境条件、教师群体间的文化特质以及自身的知识储备等因素影响。

1.创设良好的学校文化生态系统

从文化生态培养模式来看,教师信念与教师教学行为并非因果联动的关系,而是处于互动关系,即教师的信念产生与教师实践和教师生存环境,受制于其所处环境中的价值观和文化、指导教师的实践活动,而教师在教学实践活动中进行的反思和积累的经验又可以改变教师已有的信念。此外,无界化整合校内资源推动"双师型"教师队伍建设,如宁波职业技术学院的会计专业与财务处共建——真实业务实训室;建筑系与基建处共建——实训项目对接工程项目;国际学院与外事处共建——校园项目实训室。财务处工作人员作为会计专业的教师,会计专业的教师到财务处挂职;建筑系的教师在基建处挂职,基建处的工作人员参与建筑系的专业教学工作;国际学院的教师也是外事处的职工,外事处的职工也是国际学院的教师。通过教学单位与对应的机关业务单位共建合作,实现了整体的"双师型"教师队伍建设。

2.将"双师型"教师置于企业文化环境下熏陶

基于"双师型"教师的成长是一个文化过程这一理念,着重通过技术文化、职业文化、企业文化等内在的力量构筑"双师型"教师的精神价值。教师价值观的改变和行为的改进,有时候很难由别人强制灌输和改造,而需要放在相适应的文化环境下自然熏陶和创生。"双师型"教师的成长需要依赖于真实的企业文化环境,只有深入真实的企业文化环境之中,"双师型"教师才容易而且深刻地内化和生成职业教育的价值与行为。

3.创设好组织文化

教师的成长发展是教师与情境交互作用的过程和结果,组织文化是影响"双师型"教师成长发展的重要文化情境之一。大力倡导教师之间的交流合作与知识共享,相互借鉴、相互汲取经验。教师是学习共同体的成员,在交流合作中实现其专业发展。一方面是"双师型"教师在师父带徒弟的模式中成长,新教师找一位经验丰富的老教师做专业课教学的指导教师,得到老教师一对一、一帮一的有效指点。在教学过程中,要求相互听课,相互交流,相互探讨。老教师要毫无保留地把专业课知识传授给新教师,新教师要敢于独立解决专业课教学中的疑难问题,在教师教育教学经验的传递中汲取营养。通过积极互动,促使新教师专业知识水平的快速提升。实践表明,对于"双师型"教师职业教育教学能力的提升和职业实践技能的获得,"师父带徒弟"的模式有着不可比拟的优势。另一方面是"双师型"教师在相互交流中不断内化各种信息,完善自身的认知、态度和行为。发挥学科带头人的引领作用,构建学科带头人技术研发制度,选派学科带头人定期赴国内外职业院校和企业考察研修,使学科带头人掌握职业教育和企业生产的最新动态。为学科带头人创造参与技术改革和生产研发的条件,通过传帮带引领其他教师发展,进而提升整体"双师型"教师素质。

4. 加强院校之间的交流合作

"双师型"教师培养的成本高,职业院校之间应该建立优势互补、资源共享的平台,加大纵深合作,使"双师型"教师培养的资源得到充分有效利用。职业院校可以选拔一批专业带头人和教学科研骨干到普通高等院校或科研单位去提升学历学位,提高专业理论水平。也可以在职业院校之间经常进行交流访问活动,聘请兄弟职业院校"双师型"教师能手担任校外兼职教师,组织教师听公开课、示范课,参加研讨会等。

5. 基于团队建设提升"双师型"教师能力

北京电子科技职业学院基于团队建设提升教师实践能力共同的团队建设目标,激发教师参与专业实践的积极性,在团队建设的目标和共担责任的认同过程中,提高了教师对实践能力在人才培养中重要性的认识,增强了对自身素质能力现状的自我认知,感受到来自组织和同伴对提高素质能力绩效的压力,与相关企业建立优势互补的稳定合作关系。同时,借助团队带头人的影响关系,为团队成员教师发展提供了稳定的基础,团队建设有助于发挥团队成员的自主性和创造性。

第七章

高职专业群评价体系的多元构建

第一节 专业群评价体系的基础建构

一、理念建构：树立科学全面的高质量发展新理念

（一）"一个目标"是高职专业群评价体系建构的价值诉求

培养什么样的人是教育的首要问题。我国是中国共产党领导的社会主义国家，这就决定了我们的教育必须把培养社会主义建设者和接班人作为根本任务，这是新时代教育工作的根本任务，也是教育现代化的方向和目标，要把立德树人的根本任务落到实处。高等职业教育作为一种培养人的活动，落实立德树人根本任务是其首要目标和终极价值诉求。专业群的评价作为高职专业群建设的重要环节，也应遵循立德树人的理念导向。从专业到专业群的集群化发展路径彰显着职业教育作为一种类型教育的本质属性，诸如职业性、实践性和社会性等。但需指出的是，高职专业群建设同样担负着践行立德树人根本任务的基本使命。同时，要落实立德树人根本任务，必须建立科学的教育评价体系。教育评价是引导教育事业发展的指挥棒，决定立德树人根本任务能否落到实处。2020年，中共中央、国务院印发《深化新时代教育评价改革总体方案》，明确指出"改革学校评价，推进落实立德树人根本任务""坚持把立德树人成效作为根本标准"。在最新的本科教育教学审核评估指标设计中，也新增加了"贯彻落实立德树人根本任务、把立德树人成效作为检验学校一切工作的根本标准"，并把其放到首要位置。因此，高等职业教育专业群评价应着重将立德树人的评价理念贯彻到职业院校办学方向、专业建设、教学过程、学生发展、质量保障体系等各个环节之中，着力打造德技并修、工学结合的职业教育育人机制，把立德树人融入"做中学、学中做"的育人全过程。基于此，要系统设计以立德树人为导向的高职专业群评价指标体系，从而建构起具有中国特色的高职专业群评价体系。

（二）"四个功能"是高职专业群评价体系建构的基本目标

从认识论角度出发，阐释和厘清高职专业群评价的本质内涵是形成专业群评价理念的关键前提和重要基础。专业群的内涵是指围绕产业，由一些结构合理、优势互补、资源共享的若干专业形成的集合；专业群建设不仅具有集聚资源、服务产业和社会发展等方面的经济与社会价值，还具有革新人才培养模式、提高学生职业发展能力等更高的教育价值与意义。基于专业群的内涵可衍生出专业群评价的操作性定义，即根据专业群建设的目标和职能，建立起一个可观测、可比较、可反馈的专业群评价指标体系，考量专业群建设过程中投入、产出的内在关系，从而得出对专业群发展状态和建设效果的判断，最终从科学评价的角度探讨高等职业教育人才培养乃至整个高等职业教育发展的本质规律。通过开展专业群科学评价，可以引导高职院校更好地开展专业群建设实践，进而引领专业群改革发展的现实走向。依前所述，高职专业群评价是促进专业群建设不可或缺的衡量手段和参考指南，这主要体现在诊断、管理、导向和发展四种教育评价的基本功能之中。第一，诊断功能。专业群评价是根

据一定的评价标准及指标体系进行的,采取科学合理的评价方法和适宜的评价手段,检验并评定高职院校专业群的发展状态和建设成果。第二,管理功能。专业群评价结果对于高职院校专业群建设具有反馈作用,专业群评价结束后,高职院校根据评价结果对比找出现阶段专业群建设存在的差距,对应调整学校组织管理制度,进一步推动专业群建设。第三,导向功能。专业群评价结果对于高职院校专业群建设具有激励和指导作用,使高职院校明确专业群未来建设与改革的方向。第四,发展功能。通过对专业群开展评价,推动实现专业群设置与产业群、专业群课程与职业标准、专业群教学过程与生产过程、毕业要求与职业资格要求、职业教育与终身学习的"五个对接",进而提高高职院校人才培养质量,促进人才培养规格与产业岗位需求的有效匹配。总之,在理念建构层面,重点将教育评价的四个基本功能融入高职专业群评价目标的设计之中,以有效发挥其引领改革的内驱作用。

(三)"多元参与"是高职专业群评价体系建构的有效路径

推进多元参与共评是专业群评价过程中的有效质控依托与屏障工具,也是树立职业教育现代化治理理念的重要路径。《深化新时代教育评价改革总体方案》强调,要构建政府、学校、社会等多元参与的评价体系,建立健全教育督导部门统一负责的教育评估监测机制,发挥专业机构和社会组织作用。从现代治理理论的角度,科学有效的专业群评价应具有三个主要特征:首先是树立多元共治思维。现代治理观尊重和保障相关主体的利益,促使各主体以对话平等、协商沟通、民主决策的方式参与决策。其次是建构规范的治理结构和协调的治理机制。在治理过程中,各主体充分发挥各自在内外部评价中的职能和作用,各司其职,并保持各主体间的良性互动和协调联动,多方协同开展评价。最后是内部评价与外部评价相结合。现代治理强调以评促建、评建结合,通过外部评价有效推动学校内部建构其自觉、自律、自身的质量评价文化,同时完善学校内部评价体系,与外部评价协同发力。总的来看,基于现代治理理论构建高职专业群的评价体系,应积极引导行业、企业、第三方机构、社会公众等多元化主体参与评价过程,促进多元评价主体间的协同互动和良性联动,确保专业群评价结果的全面性、客观性和透明性。

二、管理机制:构建政府、市场和教育之间的联动协同机制

从中观层面看,高职专业群评价中涉及的管理层面问题是评价权力的合理分配与运行,即"应该由谁来评"的问题。专业群建设涉及诸多利益相关群体,任何一方主导评价或者任何一方的评价作用得不到发挥,都会影响专业群评价的全面性、客观性和公正性。在管理层面上,关键问题在于如何使专业群的多元评价主体责任明确、各司其职,实现专业群内外部评价的相互配合和联动发展。

(一)政策设计:政府由评价主导者转变为引导者

教育部印发的《关于深入推进教育管办评分离促进政府职能转变的若干意见》,明确提出以推进管办评分离为基本要求,以转变政府职能为突破口,促进教育治理的现代化。因此,在高水平专业群的评价过程中,政府应该转变以往的角色和职能定位,由干预包揽式转

型为支持性角色，从评价的主导者转变成发起者、引导者和服务者。一方面，政府可以简政放权，引入第三方机构，将权力下放给职业院校或者社会公众等，使得专业群的外部评价具有广泛、自主的空间；另一方面，政府应充分发挥自身职能和影响力，做好顶层设计，通过出台高水平专业群评价方案和意见，引导高职院校、第三方评价机构建立正确的评价理念，从控制评价变为监督评价、引导评价，以评促建，保障专业群建设的良性运行。

（二）外部评价：打造专业而独立的第三方评价机构

确保评价客观公正的重要举措之一就是引入独立于教育行政部门和高职院校之外的第三方评价机构，这也是保障高职院校内部专业群建设质量的必要条件。德国的职业教育尤其注重建立第三方监测与评价机制来保障职业院校的内部质量，其第三方评价机构具有很强的专业性。在德国，一般各州设立专门的研究所作为独立于政府和院校的非政府机构来负责学校职业教育质量的监测和评价，如巴符州的学校发展研究所、巴伐利亚州的学校质量与教育研究所、不来梅州的学校研究所等。这些研究所设有专家评价团队，每个成员均是经过系统培训和资格认定的、具有高水平研究能力和丰富教育实践经验、熟悉职业院校运行规律的专家。在评价过程中，专家团队通过网络调查、现场考察、资料分析等方式对职业院校进行综合评价，并提供客观的评价结果，避免教育内部评价的盲目性。在我国，传统的职业教育评价主要是由政府主导的。在评价过程中，政府既是评价标准的制定者，也是评价实施的主体，还是评价结果的判断者。不可否认的是，这种评价模式具有权威性强、指导性高、见效快的优点，但也存在职业院校应付评价检查、评价客观性缺失等问题。伴随着我国职业教育体制改革的推进，一些承担着职业教育评价职能的第三方评价机构相继诞生，推动了我国职业教育质量评价步入规范化、制度化的轨道。

在专业群的评价过程中，设置独立于教育行政部门和学校之外的非官方高水平专业群评价组织是促进教育内部评价向外部评价转变的必要措施，也是确保评价过程和结果公平客观的重要保障。第一，加强制度建设，健全完善高等职业院校高水平专业群第三方评价的各类政策设计。一方面，要加强立法建设，为高职院校专业群评价提供法律依据和规范。目前，我国评价相关法律规范还不具备，各地政府可以遵循《中华人民共和国职业教育法》的精神，结合当地实际，出台相应的地方性法规，引导和规范高职院校专业群的第三方评价工作。另一方面，建立适当的评价监督机制，使得高职院校专业群评价工作更加公开透明。第三方机构完成每一阶段的专业群评价后，针对其评价工作进行再评价，各高职院校参考评价结果展开自查，如有异议，申请复核并向当地教育行政部门提出仲裁，以形成对第三方评价机构的监督。第二，遴选专业良好的第三方评价机构，提高第三方评价机构的综合评价能力。一方面，各地方政府和教育行政部门应选择具有资质且公信力良好的专业群评价机构，并与之建立长期稳定的合作关系。另一方面，地方政府和教育部门应发挥职能，切实提高第三方评价机构的综合评价能力。例如，组织职业教育专家学者对评价专业人员进行定期培训；引导第三方评价机构学习国内外专业群评价工作的先进经验，加强评价工作的理论和实践研究。第三，以专业群评价为抓手，支持和引导第三方评价机构参与专业群建设全过程。例如，邀请第三方评价机构参与制订高职院校专业群建设方案;借助第三方评价机构的专业力量,通过讲座、学术报告等方式开展专业群教师培训,打造专业群内高水平师资队伍。

（三）内部评价:形成校企联动的自我内部评价机制

高职院校既是专业群建设的主体,也是专业群内部评价的主体。因而,高职院校要发挥主体性职责,依据"自评为主,以外促内"的原则,构建起专业群内部校企联动、动态持续、不断完善的自我评价机制。一是打造"中间体"的校内自我评价机构。该机构要独立于院校其他二级行政部门和专业群组织之外,独立行使监测和评价的功能。二是建立起校企联动的自我评价运行机制。对接产业群,依托行业企业的专业力量,在国家相关政策精神的指导下共同制定自我评价标准、方案和制度;邀请行业协会、职业教育专业指导委员会和企业等组织的专业代表,参与专业群的评价过程,确保评价过程的客观性;每阶段的专业群内部自我评价工作完成后,将评价结果公示于众,以接受行业、企业和公众等社会力量的监督。三是实施常态化的专业群内部自我评价,将自我评价渗入职业院校日常管理的过程,充分发挥自我评价的反馈和改善功能。在专业群的日常管理过程中加入常规化的自我评价环节,采集专业群建设的日常数据,对比专业群建设目标进行分析,在反馈的基础上不断调整和优化,促进专业群的更新和发展。

推进建立政府、市场和学校之间的联动协同机制,能够打破传统上"政府主导、学校为辅"的二元化评价格局,突出行业企业、第三方评价机构等多元化社会主体在专业群评价中的作用,有利于形成政府、社会、职业院校三足鼎立的高职专业群评价的新格局;同时,能够促进专业群建设过程中"管、办、评"三环节的分离,提高职业教育专业群评价过程和结果的透明性和客观性,在一定程度上有利于推动我国职业教育评价由权威主导型向多元化协商共评的方向转型。在该体系中,一方面,多元评价主体权责明确、各司其职、有效合作,形成联动合力,以提高高职专业群评价的效能。作为外部的评价主体,政府简政放权,转变职能和角色,通过健全完善"双高"院校专业群评价相关政策规范、政府财政投入等举措,引导专业群的评价方向并进行监督,实现对专业群建设成果的宏观评价;第三方评价机构是专业群评价的主要实施者,协调政府、院校、行业企业等主体,对高职院校专业群的建设情况进行综合评价,并将评价结果公示,以接受社会的监督。另一方面,作为内部的评价主体,高职院校要在专业群的评价过程中,联合行业企业的专业力量,建立起校企联动的自我评价机制,并将专业群的自我评价环节纳入日常化的管理之中,建立专业群状态化数据库,根据评价结果的反馈不断调整专业群的管理,反哺专业群的建设和发展。

三、技术支撑:构建诊断—形成—总结评价相融合的全过程质量保障体系

从微观的技术支撑看,实施专业群评价的关键是建立可供参照的评价指标。综合相关文献资料,专业群评价指标的设置要遵循导向性、诊断性、可操作性、定量和定性评价相结合等原则。在坚持这些评价原则的基础上,结合评价目的、评价时段和评价功能的差异,构建

"诊断—形成—总结评价"相融合的全过程质量保障体系。

(一)专业群的诊断性评价阶段

在高职院校计划建设专业群的初期阶段要进行诊断性评价,诊断建设专业群的科学性即判断作为新生事物的专业群建设是否具备可持续发展的基础和条件,可以从建群的必要性、合理性和可行性三方面来设置评价指标。首先,判断建群的必要性。一是专业群的设置是否满足区域产业发展的实际需求,能否对接产业群和岗位群的需要;二是专业群的建立是否符合高职院校自身的发展需要,符合学校发展规划;三是考察专业群是否具有特色优势,同区域内的类似院校是否具有同质性的专业群;四是专业群建立后是否能达到预期目标,能否优化专业布局,形成资源集聚效益,服务经济社会发展。其次,衡量建群的合理性。一方面,主要考察专业群内部结构布局是否合理,专业群内专业间是否具有一定的关联度,专业间能否形成优势互补,发挥资源集聚效应;另一方面,专业群与外部环境是否存在一定的开放度和协同性,从而促进产业的创新发展,提升专业群的社会服务能力。最后,考察建群的可行性。主要考量某高职院校是否具备建设专业群的基础条件,一般从该校现有专业类型和发展情况、师资队伍建设、课程体系建设、教学实训资源、总体科研水平和科研转化率、社会服务能力、是否有长期稳定合作的企业等方面来设置评价指标。

(二)专业群的形成性评价阶段

在高职院校专业群建立后,需要对专业群的运行情况进行形成性评价,以根据评价结果不断调整实践,反馈专业群的发展。评价建群的高效性主要从内部自我评价体系和外部评价体系两方面来设置评价指标。在内部评价体系方面,主要从五个角度来评价专业群的运行。一是从专业群发展机制的角度,评价专业群内专业间的关联度和优势互补度,是否形成反馈作用的专业群内部组织管理制度,以及能否充分发挥专业群的效能;二是从教学质量监控机制的角度,评价高职院校专业群建设过程中的人才培养模式、课程体系建设与课程实施、教学方法与手段、教学实训情况等方面的效果;三是从师资队伍考核机制的角度,具体从师资结构、师资队伍建设、校外教师聘请等方面进行考察;四是从校企合作创新机制的角度,评价专业群建设过程中的校企合作模式、校企合作平台建设等情况;五是从人才培养质量监控机制的角度,高职院校能否根据毕业生就业质量、就业能力、用人单位满意度等情况的反馈,来调整专业群建设的人才培养模式及教学情况。在外部评价体系方面,主要从三个角度评价专业群的建设实效。一是从专业群内外发展协同性的角度,考察专业群建设中人才培养质量与规格是否适应区域产业结构调整的需求,能否产生一定的区域经济效益;二是从专业群的特色角度,对比区域其他高职院校的专业群概况,该院校专业群建设中是否存在明显的特色优势;三是从社会评价的角度,考察行业企业、社会公众等对该高职院校专业群的整体认可度。在专业群的形成性评价阶段,无论内部自我评价体系还是外部评价体系,在设置评价指标时均应重视对专业群的增值评价,即注重考量同一高职院校专业群的各方面建设在一个时间段内的自我进步和增值效益。

(三)专业群的总结性评价阶段

"双高"院校专业群建设经过一定的时间检验和发展后,政府应支持和引导第三方评价机构,对全国范围内的"双高"院校专业群建设成果实施总结性评价,以检验专业群建设的成就及贡献。评价专业群建设的贡献性,主要可以从学校自身和社会两个角度来设置评价指标。一是评价专业群建设对于高职院校自身的提升作用。高职专业群建设是否促进了自身办学质量的提升,可以从课程体系建设质量、教学改革、师资团队考核、校企合作水平、学生就业质量等方面来衡量。其中,课程体系建设质量可以从专业群课程内容设置、优质核心课程的数量、课程评价考核方式等方面进行考察;教学改革可以从教学模式、教学方法、教学风格、教学组织形式、教学实践与实训等方面加以考察;师资队伍考核可以从师资结构、教师团队素质、教师科研水平、骨干教师团队建设、校内校外双师指导等方面进行评价;校企合作水平可以从高职院校长期稳定合作的企业数量、校企合作平台建设、校企合作方式、校企合作成绩等方面加以考察;学生就业质量可以从毕业生就业率、实际就业与岗位需求的对应程度、就业创业能力、用人单位满意度等方面来评价。二是评价专业群建设的社会服务与贡献,主要从以下几个方面加以考察:专业群建设对于区域经济发展需求的人才培养;专业群的科技创新与服务生产力发展的能力;专业群的社会培训等服务能力;社会舆论、宣传等评价的整体认可度;专业群建设的特色优势效应。例如,某校专业群建设对周围兄弟院校的示范引领作用,以及专业群建设经验的可推广性。

综上所述,构建科学高效的高职院校专业群评价体系,亟待实现理念建构、管理机制完善和技术设计三重突破。一方面,理念是实践的先导。评价理念是开展专业群评价、解决管理层面问题和评价技术的龙头。管理机制和技术设计以理念突破为基础和前提。高职专业群的评价领域之所以尚未有建树,是因为专业群毕竟是新生事物,由于实践等客观条件的限制,我们对专业群建设的认识不够深入,因而未能形成科学的评价理念。没有科学的评价理念作为导向,专业群评价在管理机制和技术设计层面的研究和实践也难以展开。另一方面,实践是理念的来源。评价理念的更新来源于专业群在管理和技术层面的评价实践发展。专业群评价作为一种新生事物,在建设初期阶段没有成熟的经验可供借鉴学习,需要在专业群评价实践中不断进行管理和技术层面的尝试和创新,以促进高职专业群评价理念的更新与发展。因此,要立足于高职专业群建设实践,形成科学的专业群评价建构理念,依此引导专业群评价在管理机制和技术设计层面的发展和创新,从而打造出具有中国特色的高职院校高水平专业群评价体系。

第二节 "六位一体"动态评价监控体系

为了引导社会行业的健康发展,每个社会行业都有自己的评价体系,职业教育也不例外。职业学校专业群评价指标体系是指由专业群各方面特性及其相互联系的多个指标所构成的,具有内在结构的有机整体。评价体系实质是一种工具,评价的关键是量表的设计,运用量表对专业群建设进行定期和不定期的监测,从而构成动态评价体系。通过企业、专业评价机构、学校管理部门、教师、学生、家长"六位一体"的评价,对专业群的建设质量进行监控,以确保专业群的持续发展。

一、形成"六位一体"专业群建设动态评价体系,要做好评价量表的设计

上海教育评估院作为专业评价机构对精品特色专业已形成一整套评估办法,为学校专业群建设评价奠定了良好的基础。学校层面可以在此基础上,结合学校专业群建设的实际,设计一套科学可行的评价量表。一个好的评价量表既要有较高的信度、效度,也要有适当的难度和较高的区分度。较高的信度即评价的可靠性,进行评价活动应保证对评价指标体系(项目及其赋值)正确理解、没有歧义,并使这些评价经得起实践检验。较高的效度即测量的正确性,如评价专业群内实践教学基地建设,不仅要考查其设备、设施的总值及其先进性,还要考查其对设施的有效使用,即专业通融性、自开率、对学生的开放情况等。区分度又称鉴别力,是指评价项目对评价对象实际水平的区分程度。评价的直接目的是取得"数量",评价指标体系(项目及其赋值)如果没有较高的区分度,所测各个专业群的同一项目差异度无从区别,就很难据此做出正确的评价。难度是指评价项目的难易程度,评价的难度适中,有助于提高评价的信度、效度和区分度。古语说"工欲善其事,必先利其器",评价就是专业群建设的一把"利器"。

二、评价指标要具体、可测、行为化和可操作

一般说来,评价体系的最低一级指标必须分解到可以计量、可以操作的程度。但是,专业群建设中很多项目很难量化,有些量化的未必能够反映本质。因此,应允许某些指标有主观评定鉴别的余地。例如,对教师教学能力的评价,学历、职称、课题、论文等都容易指认和量化处理,但是学历并不必然地与能力成正比。因此,对教师理论与实践教学能力的高低,应在评价指标上注意凸显课堂教学效果和教育科研创新。教育评价有五个基本功能:选拔功能、导向功能、激励功能、改进功能和鉴别功能。专业群建设评价的目的是通过"以评导建""以评促建"提高专业群的建设水平,在实践中应注重发挥它的导向功能、激励功能和改进功能。只有明确了评价目的,才能根据评价目的对评价指标项目进行选择,根据评价目的对评价指标项目权重进行分配。关键的指标甚至可以达到"一票否决"的程度。例如,由于人才培养的规格是由课程设置决定的,因此课程结构和教学内容改革被置于比较重要的地位并赋予较高的权重。同样,专业群建设直接与产业和行业相关联,必须十分强调校企深度融合和人才培养的社会适用性,因此专业群毕业生的就业率和就业质量就处于极其重要的位置,成为评价专业群教学质量与效益的关键性指标。与此同时,还要注意区分评价主体。企业对学校专业群建设最有发言权,但不足之处是对学校教育不太熟悉,企业的评价应侧重于专业群专业及专业方向的设置,课程结构及课程内容对企业工作链、职业岗位群技术应用与人才要求的匹配度,学校毕业生就业后的质量评价。企业评价对学校专业群建设具有极强的导向性以及鉴别功能和改进功能。专业评价机构一般由教育主管部门指定,具有较高的权威性,评价指标设定比较严谨。目前,此类评估机构还没有制定出中等职业学校专业群评价指标体系,人们只能参考单一性专业评价指标。学校管理部门与专业群是利益共同体,评价指标应覆盖权威专业评价机构的评价内容,但要更具针对性和实效性,建议从专业群专

业文化新鲜度、专业体系集聚度、专业群课程资源共享度、师资团队水平度、教学实施有效度、专业群专业建设改革创新度、教学条件完备度、校企合作融合度、专业建设成果显著度等九个纬度展开,学校管理部门评价的目的更多是监控、激励和改进。教师、学生、家长作为学校专业群建设的受用方,评价主要是从个体角度,通过他们的感受以"满意""比较满意"和"不满意"发表对专业群建设的意见,为进一步改进专业群建设提供一些参考,目的还是为了监控、激励和改进。需要特别指出的是,评价与其说是为了专业群的建设发展,还不如说是为了促进学生和教师的发展,因为专业群建设好了,受益最大的是学生和教师,通过他们再使企业和社会受益。

三、专业群评价指标必须考虑专业群的特殊性

职业教育作为国家教育体系中重要部类,主要培养能适应工作变化的知识型、发展型技能人才。教育种类及人才培养目标不同,以及人才观、质量观的不同,形成了培养规格、课程设置、教学过程、质量检验、学生管理等一系列的差异。例如,职业学校的专业群特别强调专业设置以就业为导向,因此专业设置就必须有行业企业背景,校企合作就成了必然的要求,教师队伍中"双师型"教师必须占相当比例,在教学过程中强调学生对技术技能的掌握,实践性教学应占有重要的地位。职业教育人才培养目标的特点必须在评价体系中有突出的反映。再如,兼职教师及兼职教师的管理要求反映了专业群的行业背景、行业专家参与校企融合的程度,因此必须作为核心评价指标。由于行业企业职业的多样性,职业学校的专业群结构及专业内的专业结构比较复杂,即使在职业学校乃至专业群内部也存在较大的差异,学校专业群评价体系指标的可比性及其处理的方式必须有一定的灵活性。例如,设备值及其增量作为专业建设的一个指标是毫无疑义的,但是不同专业群和专业群内不同专业之间的实际要求差异性很大。

第三节　运用层次分析法的高职专业群建设评价体系构建

一、高职专业群建设评价指标的界定

专业建设是专业群建设的基础,其评价指标包括建设成本投入、师资队伍力量、培养模式、实践教学体系、办学特色与创新、社会服务等可量化的指标,专业群评价体系还应体现"群"的概念,主要包括以下四个特点。

（一）建立和完善统筹兼容的保障机制

首先,高职院校专业群设置的兼容性决定了优化专业群设计组织结构、完善专业群建设机制的必要性,如专业群师资队伍建设应着重加强专业群带头人培养、控制适当的生师比、优化师资结构等;其次,编写适应专业岗位人才技术及素养需求的校企"双元"教材并加以推广;最后,按照专业群建设目标实施资金分项与统筹,单建收支账本。

（二）可持续改善的建设过程

一是实施计划与建设方案吻合度高；二是专业群人才培养模式改革与社会对复合型技术技能人才需求适应度高；三是专业群内各专业优势资源互补性强；四是教学改革符合岗位需求，既有利于课程建设，又能推动专业群建设；五是专业群课程体系构建与专业群发展紧密关联，课程改革以专业群学生的就业为导向；六是专业群实验实训实习基地建设运行成效更加明显。

（三）建设实效的成果导向

经过建设，高职专业群应具备以下特点：可以完成各项人才培养任务且运行良好，打破以专业为单位的局限，加强群内各专业间的课程改革、教学资源建设、学生培养等方面的交流；社会服务成果更加显著；有利于改善现有教学状况，提高教学水平，促进师生共同进步；研究成果显著，"双高"教师带动核心专业，核心专业辐射示范带动群内其他专业建设及其他高职院校相关专业的发展。

（四）凸显专业群建设的递进过程

采用通用标准+特色标准界定评价指标，将专业群建设设置为通用标准的一级指标，将专业群发展的保障机制建设、教学改革与创新、师资队伍建设、人才培养质量提升、教学条件建设、建设成效纳入一级指标，专业群建设内容为二级指标，通用标准不能涵盖的内容设置为专业群评价特色标准。

二、设定指标权重

采用层次分析法确定高职专业群建设的各考评要素在整个考评指标体系中所占比重，体现评价的类别、内容、对象及目的。先经过计算得出以上一级指标内容权重为0.08、0.15、0.24、0.1、0.23、0.20，然后采用百分制折算各个二级指标内容所分配的权重。

三、评价体系构建构想

本体系拟在6个高职专业群一级指标下设立23个二级指标及其相应分值与观测点，每个二级指标权重分设1.0、0.8、0.6、0.4四个等级，最后用分值与权重的乘积计算权重。

1. 保障机制建设（8分）

（1）专业群建设方案具有前瞻性、完整性、可操作性（2分）

一级、二级指标建设方案详细且能有效引导高职专业群建设发展，实施计划与建设方案的吻合度高。

（2）高职专业群内各专业之间优质资源共享度（2分）

各专业之间相容度，在建设过程中各专业的优势互补程度及兼容程度。

（3）校企合作、产教融合创新建设机制（2分）

校企共建"双元"育人机制，通过课程中期跟习、课程综合跟习、第二课堂活动等多模式合作，推动高职专业群校企共同开发专业群人才培养方案、课程标准，共建师资队伍、实习实训基地等。

(4)建立人才培养质量监控机制(2分)

建立监测、反馈、持续改进机制,提高高职专业群毕业生就业质量、毕业生质量,用人单位人才动态需求等调查跟踪机制。

2. 师资队伍建设(15分)

(1)专业群带头人基本素质(6分)

专业群学术带头人队伍建设现状及其目标。

(2)骨干教师队伍建设(4分)

专业骨干教师资源共享、引进、培训、提高、外聘等情况,拟达成预期培养目标。

(3)校内外教师结构(5分)

校内专兼职教师、校内外任务分工、校企双聘教师结构合理。

3. 教学改革与创新(24分)

(1)人才培养模式改革(8分)

各专业人才培养方案关联性与独立性,订单班、现代学徒制、二元制等多样化的人才培养改革模式,专业群评价模式改革,专业群特色的"多证书"制度。

(2)课程体系建设(4分)

系统整合群内专业课程内容,实时引入行业、企业和国际职业资格标准,规范公共基础课设置,创新创业课程群,加强体现专业特色的优质核心课程建设,动态更新教学内容。

(3)课程考核评价体系(4分)

以学生作品为载体,建立学生互评、师生互评、过程与结果考核的多元课程考核评价体系。

(4)教学方法和手段改革(4分)

课堂教学组织突出理实一体化、岗位模块化、案例化、知行合一,教学模式和风格特色鲜明度,采用微课、慕课等现代信息教学手段。

(5)实践教学体系建设(4分)

工学交替,实践教学比例合理;实践形式体现人才培养递进性的特点;鼓励实施行业认知实习、跟岗实习、课程中期实习、课程综合实习等实践模式。

4. 教学条件建设(10分)

(1)教学资源建设(5分)

选用、编写符合区域产业发展特色的教材,建设丰富的现代信息化数字化教学资源。

(2)实验实训条件(3分)

校内外实习实践实训基地建设。

(3)资金支持(2分)

提出支撑培养规划资金要求,通过各种渠道,积极申请各级各类教学改革项目资金支持专业群建设。

5.人才培养质量提升(23分)

(1)教师教科研、获奖(6分)

专业群内教师参与的各级各类科研项目,参加的各级各类专业技能大赛,指导学生参加各级各类比赛获奖的情况等。

(2)职业资格证书(5分)

学生参加各类职业资格考试的证书获取率。

(3)学生参赛获奖(7分)

学生参加各级各类社团活动、技能大赛的获奖情况。

(4)实习评价与就业(5分)

依据需求制订专业群考核评价表、用人单位评价表,就业率、就业质量、用人单位满意度、学生对母校满意度等情况。

6.建设成果(20分)

(1)社会服务(6分)

能为区域经济发展提供规划与政策咨询,开展产学研技术服务,为行业企业发展提供社会培训、志愿服务。

(2)交流与合作(5分)

与境内外院校交流合作成效。

(3)示范作用(3分)

核心专业示范引领作用,示范性特色专业群与特色专业群建设关联性,在校内其他专业群或相关学校辐射推广情况。

(4)特色与创新(3分)

在人才培养模式创新、校企深度融合、教科研、社会服务、管理等方面形成的主要办学特色。

(5)社会评价(3分)

社会认可、第三方宣传媒体报道或在杂志上的发表情况。

四、评价模式

网络考评与现场考核相结合,立项阶段与建设成效相结合,校方自评后教育厅组织专家组考评,实行阶段性分期检查与督导,循序渐进、逐步提升。评价主体为校方与省教育厅,评价结果用于学校专业群的建设及改进。

我国高职院校专业群建设评价体系尚处于摸索阶段,为更好地指导各高职院校建设专业群,在明确专业群建设内涵的基础上,建立评价指标体系,设定指标权重,定期组织考核,可有效提升专业群建设质量。然而,任何评价因动态发展而相应变化,本书谈及的评价体系只为现阶段思考,其中指标与权重尚需在日后的实践中进一步探讨与完善。

第四节　多元理论下的高职专业群评价体系架构

一、大数据背景下高水平专业群建设成效评价

中国特色高水平高职专业群建设呈现数据多源化、数据海量化、数据多维化特征，在此背景下带来高水平专业群建设成效评价的困境，即高水平专业群建设成效评价标准的缺失、群内信息的共建共享和沟通不畅问题突出、大数据支持下的评价指标体系尚未形成。基于科学性、可操作性和定量性三大原则，运用层次分析法对专业群实践工作进行分析，构建出高水平专业群建设成效评价指标体系，并提出评估分值计算方法，为当下中国特色高水平高职专业群建设提供一种新的评价工作思路和操作方法。

（一）专业群建设的大数据特征

作为教育信息化、网络化、智能化的一种教育教学组织形式，专业群涵盖行业企业、师生队伍、课程教材、仪器设备、财务资金等各个方面的内容，随着专业群建设的不断深入，任何一个教学对象和资源要素都可以在信息技术的支持下产生数据，专业之间的跨界融合会越来越强烈，多元化、多样化和复杂化将是专业群建设数据发展的必然趋势，这也就决定了专业群建设的"大数据"形态。

1. 专业组群重构数据的多源化

"双高计划"中专业群所含专业数以 3～5 个较为普遍，其中跨 2 个及以上专业类组群的占比高达 85.4%。由此可见，专业群的出现打破了原有专业之间的边界，重组了不同专业的师资、课程、设备、实习实训等资源。以某科技职业学院省级高水平专业群"化工装备技术"为例，该专业群以化工装备技术专业为龙头，包含数控技术、电气自动化技术、工业过程自动化技术、云计算技术与应用 4 个专业，所有专业合力对接新一代化工装备智能制造产业链，进而形成一个全新的"政—校—企—系—专—课"教学组织共同体。这种多元主体构成的专业群在建设中产生的数据必然表现为一种新的数据样态，即多源化，这种多源化的数据形态势必会给专业群的评估决策带来困难。

2. 专业群教育教学数据的海量化

专业群建设的初衷就是要发挥专业集群优势，加快专业间的融合与创新，增强专业群服务区域产业和经济发展的能力，这种协同性的专业群建设所开展的教育教学活动，产生了大量各种各样的数据。如某科技职业学院"化工装备技术"专业群内有学生 231 人，专兼职教师 23 人，课程总数 92 门（含共享课程 11 门），群共享合作企业 8 家，在高水平专业群建设计划推进过程中，存储了人才培养模式创新、课程体系与教学资源、教材建设与教法改革、教师教学创新团队建设、产教融合平台建设、服务发展能力提升、管理体制和运行机制等方面的大量数据，这些数据每日都在快速增长，积累起来的海量数据为评估专业群建设成效奠定了数据基础。

3. 专业群建设数据的多维化

根据教育部、财政部2020年12月21日发布的《中国特色高水平高职学校和专业建设计划绩效管理暂行办法》(教职成[2020]8号)[2]，专业群建设数据采集指标含产出、效益、满意度3个一级指标、6个二级指标、26个三级指标，这里既包含学校自评指标，又包含用人单位、学生家长等第三方评价指标；既有人才培养模式创新、课程教学资源建设等相对静态的指标，又有任务完成进度、引领职业教育改革发展和人才培养的贡献度等时效动态指标，这些繁多的指标体系直接导致专业群建设数据的多维化和微观性。为了探究多维数据中隐藏的专业群建设状况问题，科学评价建设成效，必须将大数据技术赋能专业群建设，设计合理有效的评价体系，以信息化手段持续驱动专业群建设质量的提升。

(二)高水平专业群建设成效评价存在的困境

目前，高水平专业群处在建设的初级阶段，还没有经历一个完整的建设周期，对专业群的建设成效如何评价，如何达到以评促建的目的，仍存在诸多问题，总体来说，开展专业群建设的成效评价遇到以下挑战。

1. 高水平专业群建设成效评价标准缺失

对于建设效果及目标达成的评价，《中国特色高水平高职学校和专业建设计划绩效管理暂行办法》(教职成[2020]8号)中明确指出：评价工作主要包括学校自评、省级评价、两部复核与综合评议，评价工作应当做到职责明确、相互衔接、科学公正、公开透明。但暂行办法并没有给出一个规范性的建设评价文件标准，各省级教育主管部门也没有制定一个指导专业群建设的指标体系。因此，高职院校在进行高水平专业群建设时就很容易出现建设效果与建设目标不匹配，以及建设方向缺失"航标"等问题。

2. 群内信息的共建共享和沟通不畅问题突出

专业群建设不是群内各专业"单打独斗"，更不是各部门各院系"单兵作战"，专业组群的主要目的之一就是打破专业界限、破解院系组织壁垒，整合资源与共享信息，提高办学效益。相关研究表明，专业群建设过程中"信息孤岛"现象普遍存在，部门院系之间、政校企之间在建设层面的信息沟通和数据共享未能实现，具体表现就是建设数据缺乏系统设计，政府、学校、师生、企业及家长等相关利益者在建设期间的信息沟通与反馈不及时，建设任务涉及多个部门或院系时执行难度较大。

3. 大数据支持下的评价指标体系尚未形成

基于大数据开展高水平专业群协同建设是教育信息化、教学数字化的必然产物，也是国家战略层面职业教育创新发展的内在需求。因此，高水平专业群建设是以专业交叉融合为切入点，基于专业群建设全要素，采用大数据技术手段对建设内容和预期成效做出实时诊断和评价的过程。令人遗憾的是，目前全国范围内还没有建立一套数据支撑的建设成效评价体系，直接导致多数高职院校在专业群建设方面只有群的外在形式，缺乏统一的数据支持，违背了专业组群的初衷。

(三)高水平专业群建设成效评价体系的构建原则

只有建立了科学、规范的专业群建设成效评价体系,才能更好地引导专业群建设方向,客观评价建设成效,正确诊断建设中存在的问题,真正实现以评促建,保证专业群建设质量。在构建评价体系过程中,要遵循以下基本原则。

1. 科学性原则

评价体系的制定工作必须要在科学理论的指导下,灵活运用对标法、层次分析法、数据包络分析法、公众评判法等开展评价体系设计,如对建设指标进行全面梳理,抓住关键环节,掌握全面的信息,聚焦评价的核心要素,明确评价目标,合理甄别各评价指标的权重,分阶段有序开展论证工作。评价工作的科学性还表现为评价指标能适用于反馈专业群建设中多变量、大系统的各种新问题,以实际建设数据为依据,方便开展独立评价活动。

2. 可操作性原则

评价体系要适用于内部评价、同业互评、外部评价等多种评价方式,既要涵盖与预设的目标、成果的横向对比内容,又要包含与上一时段预期建设效果纵向对比的内容。根据专业群建设方案和上级主管部门评价要求,将建设任务转换成可观测、可检测的评价指标,做到有据可评、评价有序。如对教学团队建设的评价可以分级设计,既有"双师"数量、专兼职教师结构等通用指标,又有领军人物、能工巧匠等特色指标,尽量避免主观评价,增强评价的可操作性。

3. 定量性原则

在对专业群绩效目标定性分析的基础上,将表征考核项目的数量指标、质量指标、时效指标和效益指标等描述清楚,即便是一些定性考核的项目,也要以定量考核结果为依据,充分发挥大数据在评价中的赋能作用,确保评价结果客观可信。以"人才培养模式创新"评价项为例,数量指标反映的是学校在立德树人文化体系、校企合作培养人才等方面完成的改革数量及学生受益人数等;质量指标反映的是人才模式创新效果和达到的水平,如教学成果奖和学生获奖等级等;时效指标反映的是建设完成度和效率情况;效益指标反映的是此项改革所产生的成本效益和对社会、行业带来的数量影响和对比效果。上述定量指标为后期的可视化评估活动奠定了数据基础。

二、GE 矩阵:高职院校专业(群)发展战略选择与评价的一种有效分析方法

(一)GE 矩阵及用于高职院校专业评价的维度分析

GE 矩阵是美国通用电气公司(GE)于 20 世纪 70 年代开发的业务选择与投资组合分析方法,基本内容是根据事业单位在市场上的实力和所在市场的吸引力对这些事业单位进行评估,以作为企业制定战略规划中评价和选择重点发展产品或项目的依据。GE 矩阵按市场吸引力和自身竞争实力两个维度评估现有业务(或事业单位),每个维度分三级,分成九个格以表示两个维度上不同级别的组合。绘制 GE 矩阵,需要找出市场吸引力与企业竞争力两

大维度的主要因素内容,然后对各因素加权,得出衡量内部实力和外部引力因素的标准。外部市场吸引力是多种因素作用的结果,如销售增长率、市场规模、利润率、市场结构、竞争对手、季节因素、产品周期因素和经济规模等,同样内部竞争实力是由市场份额、竞争能力、市场和消费者经验、技术能力和管理者的管理才干等因素共同决定的。所以在应用GE矩阵进行战略规划时,选择哪些有意义的战略事业单位和根据企业具体情况合理评定外部市场吸引力与企业内部竞争实力的主要因素及按其重要程度赋予相应的权数是至关重要的。

在高职院校制定专业规划过程中,借助企业战略评价方法中的GE矩阵分析方法可以对各二级学院(或教学系)专业现状、未来发展态势及预期进行评价,以便比较客观地评估和选择需要大力发展的重点专业、维持并保持特色或优势的传统专业、逐步收缩和淘汰的夕阳专业和需要新设的前景专业。但在运用GE矩阵评价工具时最为关键的是要结合各专业发展的各种内外因素,对现有专业的实力(竞争力)和所在市场的引力的主要因素进行评估,组合判断其强项和弱点,以此作为对专业的地位及发展进行评价并做出选择的比较客观的依据。

下面对高职院校专业(群)的市场引力和自身竞争力这两大维度中主要内容和指标进行分析,首先我们认为专业(群)的市场引力主要内容及指标应该包括以下几点。

第一,当地经济与社会发展规划中重点发展的产业及政府的促进政策。地方政府制定的经济与社会中长期发展规划与产业政策对高等职业学院专业引力作用主要表现在以下三个方面。

①地方政府制定的经济社会发展规划具有长期性、稳定性与政策导向性。它决定了地方政府在今后5~10年甚至更长时期内经济社会发展的重点产业、项目和产品,这表明政府未来财政支出的投资方向和政府运用信贷政策调控社会投资将持续稳定地集中于规划中优先发展的重点产业、项目和产品上,这就必然产生出与上述产业、项目和产品相关联的行业内各类职业、岗位技能型人才的长期稳定需求。

②政府发展规划确定的重点发展产业、项目和产品不是孤立的,它们会派生出一系列相关的产业链、项目链、产品链、服务链,从而引申出许多现实的和潜在的相关职业岗位群人才需求。

③国家发展高职教育的基本政策是以政府投资为主,如果学校在专业设置和人才培养方面能紧贴地方政府的发展规划和市场需求,这将能得到地方政府的大力支持与帮助,实现学校教育、社会经济、政府三者之间的良性互动与共赢。

第二,近三年招生计划平均完成率和近三年新生平均报到率。在思考专业市场引力时还必须注意的一个重要因素就是招生计划平均完成率和近三年新生平均报到率。招生计划完成情况和新生报到情况能够比较客观地说明各专业报考学生人数的热度情况,而各专业招生热度说明了社会潜在就业者及相关群体(考生的家长及亲属等)对过去与现在就业市场各类人才就业形势状况和未来各类职业岗位群需求趋势的基本判断,可以认为院校各专业报考人数的热度指标也是全社会对未来各类职业岗位群就业及收入状况的一种平均预期。所以比较各专业(群)报考热度(招生计划完成率和新生报到率)对评价和选择专业具有重要的意义。

第三,专业的职业岗位(群)的指向性是否清晰。专业的职业岗位(群)的指向性是否明确直接关系到学生毕业后就业的难易程度。一般而言,指向性明确的专业如旅游、物流、营销、电子、通讯、建筑、会计、计算机应用等有大量的企事业单位对应的职业岗位群需求,所以可以作为专业市场引力的一个参考因素。

第四,专业的近三年平均就业协议率。近三年的平均就业协议率是剔除了偶然因素所造成的波动后反映市场及用人单位对该专业毕业生的实际接纳程度的一个重要指标,也可以认为它是比较客观反映专业的市场认可度的一个引力考量。

第五,近三年毕业生的平均薪酬水平及与同类院校该专业的比较状况。毕业生的平均薪酬水平及与同类院校该专业的比较状况能够比较客观地反映报考该专业的未来预期效用,毫无疑问,相对于其他专业而言,平均薪酬水平高及与同类院校该专业相比毕业生薪酬占优势的某个专业,其市场引力肯定就会大,反之亦然。

其次,我们认为专业(群)的自身实力(竞争力)主要包括以下几点。

第一,专业(群)的师资队伍的规模、结构与素质。师资队伍规模、结构与素质是确保高职专业人才培养质量的基础。衡量专业(群)的师资队伍强弱的主要指标包括专业师生比、专业师资队伍中"双师"比例、高级职称教师比例、名师数量、企业(行业)专家参与教学的人数、专职教师中的学历、学缘、专业、职称、年龄结构等。

第二,专业(群)拥有的实训和实习基地。实训和实习基地是确保高职专业人才培养职业素质与岗位实践能力目标实现的主要条件,所以可以视为专业(群)的重要竞争力之一,包括校内专业模拟实训室数量和应用情况、校外企业顶岗实习基地数量和安排学生实习及就业情况、是否参与行业协会借助行业资源背景发展专业和课程等。

第三,专业(群)已经具备的特色与优势。主要指通过专业建设已经取得的被国家、省、市级教育主管部门认可的显著成效,它一方面能够比较客观地反映专业(群)实际竞争力现状,另一方面也能对招生与就业起到较大的宣传效应。专业(群)具备的特色与优势主要包括特有的专业人才培养模式;国家、省、市级品牌专业;拥有央财支持项目、省(市)重点专业建设立项、学校重点专业建设项目等等。

第四,专业(群)其他竞争力参考因素。包括科研和各类立项及获奖情况,如专业(群)的省级立项课题(立项或完成),近三年全国、省学生各项竞赛获奖,微课制作和信息化设计等教学竞赛获奖等。

在确定专业(群)的外部市场引力和自身的实力或竞争力后,我们可以用定性与定量相结合的分析方法对高职院校现有专业(群)涉及上述引力和实力的诸多因素进行评价与排序。

①定性方法。审阅并讨论各专业引力、专业实力(竞争力)等各类因素,根据相对比较原则按好、较好、一般、较差、很差五个等级评定该专业的实力和市场吸引力大小。

②定量方法。将上述专业引力、专业实力(竞争力)的各类因素分列并按照相对重要性赋予分值,所有因素分值之和等于100,同时对上述好、较好、一般、较差、很差五个等级分别

按1、0.75、0.5、0.25、0给予不同的权数对其进行加权,使所有因素的加权系数总和为1,然后用其分值乘以其权重系数,再分别相加,得到所评估专业的专业吸引力与专业实力得分(介于0和100之间),得分低代表专业吸引力低或实力弱,而得分高则代表专业吸引力高或实力强。

③制作专业评价的GE矩阵图。横坐标表示专业的自身实力(竞争力),从左到右按照很差(0~30)、较差(30以上~60)、中等(60以上~75)、较好(75以上~90)、好(90以上)的标准划分为五个等级。纵坐标表示专业的外部引力(市场需求),从上到下按照好(90以上)、较好(75以上~90)、中等(60以上~75)、较差(30以上~60)、很差(0~30)的标准划分为五个等级。

④专业评价和选择规划标准说明。将高职院校各个专业(群)按相对比较原则进行分析评估后得出的专业实力(竞争力)和专业引力(市场需求)的分值标于图上。专业实力(竞争力)和专业引力(市场需求)都是好或较好为重点发展专业;专业实力(竞争力)弱、专业引力(市场需求)好或较好可作为新设专业;专业实力(竞争力)强(好)、专业引力(市场需求)一般可作为维持专业;专业实力(竞争力)弱、专业引力(市场需求)一般可作为逐步收缩专业;专业实力(竞争力)弱、专业引力(市场需求)较差或很差可作为淘汰专业。

(二)GE矩阵分析方法在A职业学院专业发展规划中的应用

把GE矩阵分析方法的思路引入学院的专业评价与排序的前提是对学院目前专业(群)的基本构架有一个基本了解:A职业学院共有专业28个,全日制在校生约4600多人。学院专业设置覆盖了建筑、电子信息、计算机应用技术、物流、旅游、财会、金融与贸易、社会管理、艺术设计与传媒、法律文秘等10个专业群。其中,计算机应用技术、物流管理专业通过了教育部、财政部"高等职业学校提升专业服务产业发展能力"项目建设的验收,同时也是江苏省重点建设的专业群。酒店管理、会计学、艺术设计等专业已成为实力较强、特色明显,在当地具有一定影响力的学院重点专业。学院有两个省级重点建设专业群,4个市级重点专业,9个院级重点建设专业,并拥有4个教育局重点专业建设项目。

借助GE矩阵分析方法,我们在确定专业实力(竞争力)和专业市场引力的具体指标内容时应根据学院的实情,按照相对重要性的大小赋予其各指标的分值与权数。然后通过大量的调研,进行收集、整理、分类、统计资料等工作,将学院28个专业每个专业都按专业实力(竞争力)和专业市场引力的得分制成以下两张表:①××专业市场实力或竞争力分析表;②××专业市场引力分析表(限于篇幅在此省略)。根据各个专业市场实力分析表和各专业市场引力分析表的评估分值就可以绘出每个专业评价的GE矩阵图,横坐标表示专业实力(竞争力),从左到右可以按照很差(0~30)、较差(30~60)中等(60~75)、较好(75~90)、好(90以上)的标准划分为五个等级。同样纵坐标表示专业引力(市场需求),从上到下按照好(90以上)、较好(75~90)、中等(60~75)、较差(30~60)、很差(0~30)的标准划分为五个等级。

根据GE矩阵,我们可以提出作为专业评价和主导专业选择的以下基本标准:第一,专业实力(竞争力)和专业引力(市场需求)都好或较好为重点发展专业;第二,专业实力(竞争力)弱、专业引力(市场需求)好或较好可作为新设专业;第三,专业实力(竞争力)强(好)、专业引力(市场需求)一般可作为维持专业;第四,专业实力(竞争力)弱、专业引力(市场需求)一般可作为逐步收缩专业;第五,专业实力(竞争力)弱、专业引力(市场需求)较差或很差可作为淘汰专业。

借助 GE 矩阵分析工具,并根据相对比较原则将各专业实力(竞争力)和专业引力(市场需求)的评估分值绘图,以上述标准作为专业评价和规划的依据,我们可以对 A 职业学院的未来专业(群)设置和发展提出如下建议。

1. 加快建设 4 个重点专业群共 14 个专业

依据评估数值,计算机应用技术、物流管理、旅游管理、艺术设计 4 大专业群的专业实力(竞争力)和专业引力(市场需求)好或较好,为重点发展专业,可辐射带动 14 个专业的发展,具体表现为以下几点。

①依托市区及周边区域重点发展的软件技术产业和服务外包业,重点建设以计算机应用技术专业为龙头,辐射带动软件技术、计算机网络技术等专业在内的专业群。

②依托市区及周边区域大力发展空港物流、现代商贸和商务服务业,重点建设以物流管理专业为龙头,辐射带动连锁经营管理、营销与策划、商务管理等专业在内的专业群。

③依托市区及周边区域大力发展文化创意产业,重点建设以艺术设计专业为龙头,辐射带动视觉传达艺术设计、装潢艺术设计、电脑艺术设计、传媒策划与管理等专业在内的专业群。

④依托市区及周边区域大力发展旅游和休闲服务业,重点建设以酒店管理专业为龙头,辐射带动旅游管理等专业在内的专业群。

2. 改造和提升具有传统优势的 3 个特色专业群共 8 个专业

依据评估数值,财金、建筑、社工服务等 3 个专业群的专业实力(竞争力)强(好)、专业引力(市场需求)中等,可作为改造和提升的具有传统优势的特色专业群。其中,包括了会计、财务管理等财会类专业,国际经济与贸易、金融管理与实务等传统专业,建筑工程施工、工程造价、电子信息工程技术、社区管理与服务等专业。

3. 维持或逐步收缩、淘汰两个专业

依据评估数值,专业实力(竞争力)弱、专业引力(市场需求)一般的专业可作为逐步收缩专业,专业实力(竞争力)弱、专业引力(市场需求)较差或很差的专业可作为淘汰专业,主要为文秘、法律文秘专业,两专业均定位模糊、实力不强、市场需求萎缩、就业整体情况不好。

最后需要说明,应用 GE 矩阵分析方法对高职院校专业的发展进行评估和选择时必须注意以下两点。

第一,在选择各专业外部市场引力(需求)的分值和权重时应结合学校所在地及行业的具体环境特点来考虑,不仅要看过去与当前的需求,更要通过调研和预测来把握未来的需求走向。在考量自身实力(竞争力)指标的分值和权重并进行评价时,应注意相对竞争优势,综合考虑三个因素:①与本地区(省市)、本行业同类院校相同或相近专业(群)的比较;②与本校其他专业(群)进行比较;③与本专业(群)过去的同类指标进行比较分析。

第二，GE 矩阵分析方法对高职院校专业发展的评估主要建立在对现有专业（群）过去和现在的各方面状况进行分析和评价。对某些有市场潜力的新专业和未来有可能形成竞争优势的特色专业未能给予重视，因需要院校高层领导、学术委员会以及专业委员会在进行市场调研和预测的基础上做出对新专业和特色专业的评估，规划与决策。

参考文献

[1]聂勋伟,何利,王兆顺.现代信息技术专业群建设与研究[M].天津:天津科学技术出版社,2022.07.

[2]于久洪.职业院校专业群课程体系构建研究[M].北京:中国人民大学出版社,2022.10.

[3]郑小飞.职业院校专业群个性化人才培养模式创新与实践[M].北京:中国纺织出版社,2022.04.

[4]赵熹.高职院校产教融合的研究与实践[M].西安:西北大学出版社,2022.08.

[5]周芳.高职专业建设与区域产业转型升级融合研究[M].苏州:苏州大学出版社,2022.04.

[6]张铮,刘法虎,陈慧.新时代职业教育专业群开发研究与实践[M].武汉:华中科技大学出版社,2021.12.

[7]童世华,黎娅,唐珊珊."双高计划"背景下的专业群建设与评价机制研究[M].北京:中国水利水电出版社,2021.11.

[8]张栋科.高职院校专业群建设的价值取向与行动路径[M].北京:中国社会科学出版社,2021.05.

[9]蒋新革.新时代高职产教融合路径研究[M].广州:广州中山大学出版社,2021.04.

[10]鲁武霞,沈琳.混合所有制"共享工厂"高职产教融合的新模式[M].南京:河海大学出版社,2021.12.

[11]谢少娜,洪柳华,傅燕萍.基于产教融合背景下的高职学生就业创业教育研究[M].沈阳:辽宁大学出版社,2021.08.

[12]王培松.产教融合视域下高职教学管理理论与实践研究[M].长春:吉林科学技术出版社,2021.05.

[13]张华,朱光耀,易忠奇.校园+产园智造工匠产教融合培养研究与实践[M].北京:北京理工大学出版社,2021.04.

[14]秦凤梅.职业教育产教融合质量评价探索[M].重庆:重庆大学出版社,2021.09.

[15]朱晓渭.中国特色高水平高职学校和专业群建设研究与实践方案篇[M].西安:西北大学出版社,2020.12.

[16]阚雅玲.高职特色学院与专业群建设——一个高职二级学院的校企合作发展历程和实践探索[M].广州:广东高等教育出版社,2020.01.

[17]郑丽,郭彦丽.以学习成果为导向的商科专业课程群建设——方案优化与持续改进[M].北京:对外经济贸易大学出版社,2020.08.

[18]黄立.产教融合背景下高职院校"双师型"教师团队建设研究[M].长春:吉林人民出版社,2020.09.

[19]伍俊晖,刘芬.校企合作办学治理与创新研究[M].长春:吉林大学出版社,2020.05.

[20]郑爱民,曹锋.探索与实践校企合作人才培养模式研究[M].长春:吉林人民出版社,2020.08.

[21]周哲民,万秋红.校企协同视域下工科高职院校技术技能积累与创新[M].北京:北京理工大学出版社,2020.08.

[22]王忠诚.利益共同体视域下高职院校深化产教融合的实践探索[M].长春:东北师范大学出版社,2020.06.

[23]钱志芳.高职院校产教融合实践与创新研究[M].长春:吉林教育出版社,2020.05.

[24]祝木伟,毛帅,赵琛.产教融合型实训基地建设与评价研究[M].徐州:中国矿业大学出版社,2020.

[25]黄永明,蒙槐春."校行企"多元协同职教人工智能技术应用专业群发展研究[M].长春:吉林科学技术出版社,2020.07.

[26]严中华.学习成果导向高等(职业)教育专业与课程开发指南——基于OBE专业(群)认证与高水平建设[M].北京:清华大学出版社,2020.12.

[27]吴勇.从规范到创新——专业人才培养方案编制研究[M].广州:暨南大学出版社,2020.06.

[28]曾凡远.高职建设类专业群建设路径与实证研究[M].镇江:江苏大学出版社,2019.12.

[29]蒋建武,邓嘉琳,曹大勇."中国制造2025"背景下高职专业群建设研究[M].长沙:湖南大学出版社,2019.11.

[30]郑丽,郭彦丽.基于学生能力培养的商科专业课程群建设理论研究与教学实践[M].北京:对外经济贸易大学出版社,2019.08.

[31]孙蕾.高职教育专业群建设理论与实践[M].成都:西南财经大学出版社,2019.09.

[32]许峰,张岩松.高职院校专业群建设研究[M].大连:东北财经大学出版社,2019.06.

[33]卢彰诚.产教深度融合的电子商务专业群人才培养体系创新研究与实践[M].延吉:延边大学出版社,2019.11.